그리움을 수놓다

신정호 수필집

그리움을 수놓다

수필과비평사

글을 엮으면서

첫눈이 흩날립니다.

병원에 입원 중이신 어머니는 당신의 어머니가 보고 싶다고 하시네요.

문득 내 어머니가 내 곁에 계실 때 한 권의 수필집을 보여드리고 싶은 마음이 들어 부끄럽고 주저했지만 용기를 내어 봅니다.

제 글은 철학적이거나 의미를 곱씹어 생각케 하는 글은 아닙니다. 그냥 저의 일상과 가족들, 제 이웃들의 이야기를 그린 생활수필입니다. 아무쪼록 작은 공감이라도 공유한다면 그저 고맙겠지요.

마침 그림을 전공한 딸애의 작품과 함께 엮게 되어 무척 기쁩니다.

십여 년 전 우연히 이대 평생교육원 '생활수필쓰기' 반에 발을 디딘 것이 오늘을 낳았습니다. 항상 칭찬과 격려로 이끌어 주신 김상태 교수님과 수필이론을 알기 쉽도록 강의해 주신 유인순 교수님께 감사드립니다. 언니, 동생으로 가족처럼 알뜰살뜰 살펴주시는 원석문학회 문우님들도 고맙습니다.

늘 물심양면으로 지원군이 되어주시는 아버지 같은 형부, 그리고 언니께도 감사의 마음 전합니다. 또 나에게 친구 같은 딸과 아들은 큰 힘이었고, 더불어 사위와 며느리는 든든한 울타리입니다. 사십여 년 곁에서 내게 희로애락喜怒哀樂을 안겨준 남편도 고맙습니다.

무엇보다 자식들을 위해 기도로 살아오신 어머니의 헌신과 사랑에 감사드리며 부족하기만 한 글이지만 누구보다 어머님께 먼저 안겨드리고 싶습니다.

2017년 12월

신 정 호

4부

Intro

수필은

올해 102세가 되신 어머님은 늘 내게 말씀하신다. '오래 살면서 너를 힘들게 한다.' 고.

나에게 수필은 어머니다. 어떤 모습으로, 어떤 세월을 사셔도 어머니는 내게 끈이고 힘이다. 애틋한 사랑이고, 아련한 그리움이다. 어머니는 내 인생의 탯자리고, 내 삶의 근원이다.

수필이 바로 그렇다.

봄이 가기 전 연분홍 고운 블라우스라도 사드려야 할까 보다.

1부

인생을 태엽에 감다

어머니와 허수아비

가을날 소고小考

첫 수업소감

아들에게 띄우는 편지

꿈은 지금 여기에

인생을 태엽에 감다

매일 아침 눈을 뜨면 나는 맨 먼저 내 갈색 시계의 태엽을 감는 것으로 하루를 시작한다.

사십 년 전 결혼 예물로 받았던 이 시계는 당시 명품이었지만 하루 한 번 태엽을 감아야 (흔히 우린 밥을 준다고 했다.) 가는 시계였다. 하루라도 잊어버리면 시계는 멈춰 있었고 풀린 태엽을 꽉 조여질 때까지 감아주면 다시 째깍거렸다. 결혼과 함께 늘 나와 시간을 같이해 오다 어느 날부터인가 화려하고, 모양 좋고, 싸고, 매일 태엽을 감지 않아도 되는 시계들이 내 팔목에 채워지면서 그 시계에 대해서는 수년을 까마득히 잊고 지냈다. 그러다 얼마 전, 서랍 정리를 하던 중에 우연히 눈에 들어왔다. 문득 젊은 날의 내가, 그리고 신혼시절이 태엽이 풀리듯 펼쳐져 보였다.

결혼식을 마치고 신혼여행을 떠날 무렵 눈발이 날렸다. 결혼식 날 첫눈이 내리면 잘산다고 누군가 옆에서 들뜬 기분을 한껏 북돋아주었다. 그렇게 출발한 나의 결혼 생활은 별로 막힘없고 모자람 없는 생활이었다. 그런데 통금이 있던 그 시절, 남편은 걸핏하면 통금시간이 다 되어 허둥지둥 들어올 때가 많았다. 늦게까지 기다리다 보면 걱정이 되다가 막상 문을 열고 들어오는 그 얼굴을 보는 순간 나도 모르게 날카로운 한마디를 내쏟는다. 그날도 그랬다. 아슬아슬한 시간에 술이 취해 들어온 남편을 향해 차갑게 쏴붙이고는 이불을 뒤집어쓰고 가만히 있었다. 남편은 도리어 화를 내며 다시 집을 나가겠다고 했다. 난 야멸치게 그러라며 이불로 얼굴을 가린 채 그의 행동을 가늠하고 있었다. 부스럭거리며 옷 입는 소리가 들려왔고 이제 곧 문을 열고 나가려니 생각되어 순간 말려야 하나, 그냥 모른 척해야 하나 갈등이 일었다. 잠시 정적이 흘렀다. 갑자기 내 얼굴 위에 덮인 이불이 확 젖혀지며 남편이 소리쳤다.

"나, 안 붙잡아?"

지금 생각해 보면 우습기도 하고 한편으론 그립고 정겨운 순간이 많았었다.

나는 멈춰버린 시계를 한참 들여다보았다. 너무 오래된 시계라 그냥 기념품 정도로 보관해 놓을지, 고쳐서 다시 찰 것인지 망설이다가 시계방으로 갔다. 시계방 주인은 좋은 시계이니 조금만 손

보면 쓸 수 있다고 수리를 하라고 했다. 그러면서 수리비가 삼십만 원이란다. 웬만한 시계를 새로 살 수 있는 값이었지만 내 추억이 그 속에 감겨 있어서 그냥 버릴 수가 없었다. 명품시계라서 비싸나 보다 생각하며 수리를 부탁했다. 시계를 맡기고 보관증을 달라고 했더니 선금을 내라고 했다.

"아니, 그 시계는 고급 시계잖아요?"

"하지만 이젠 삼십만 원 주고 사갈 사람이 있을까요." 한다.

고급시계지만 누구도 안 산다는 아이러니가 나를 어처구니없게 만들었다. 그러나 어쩔 것인가? 주인은 삼십만 원 가치도 없다고 했지만 내겐 소중한 시계인 것을…. 무엇보다 그 시계를 차고 다녔던, 행복했던 그 시절로 다시 돌아가고 싶었다. 그리고 귀한 시계를 수년 간 방치해 두었던 것도 많이 미안했다. 서랍 깊숙한 곳에 있던 시계가 눈에 들어온 순간 정신이 번쩍 들며, 잊고 살았던 긴 시간을 곱게 감아두지 못했던 내 삶의 자취들이 뾰족뾰족 아프게 찔렀다. 풍족함과 걱정 없던 삶 속에서 너무 세속적인 판단에 가치를 두고 살아왔던 내 자신의 모습이 거울을 보듯 보였다. 신神의 시샘이었을까. 갑자기 불어 닥친 남편의 사업 실패는 잔잔했던 내 인생을 흔들어 놓았다. 되돌아갈 수만 있다면 지워버리고 되돌아가고 싶은 마음이 간절했다. 어렵사리 하루하루를 지탱해오면서 나는 마음속에 기쁨과 감사 대신 원망과 서운함을 키우고 살았다. 그 어려움 속에서 내가 버틸 수 있었던 것에 대한 감사는 생각조차

하지 않았고, 한때는 한 줄의 글을 쓸 수 있다는 것도 내겐 사치라고 생각한 적도 있었다. 주변을 정리하면서 법이 있어도 보호받지 못하여 억울하고 화가 나서 신문고라도 울리고 싶은 적도 많았다.

언젠가 친한 선배님과 차를 마시며 얘기를 나누는데, 우리 나이쯤 되면 이젠 쓰레기를 분리배출하듯이 마음의 쓰레기를 분리하여 버려야 할 것을 버리라고 말씀하셨다. 정말 내 마음속을 분리수거해 봐야 할 것 같았다. 어떻게 분리해야 할까? 미움, 질투, 오만, 불평, 원망 등은 꽁꽁 묶어 쓰레기통에 버리고 사랑과 겸손, 배려, 봉사, 기쁨과 희망 등은 잘 간직해 놔야겠지.

며칠 후에 시계를 찾았다. 새로 바뀐 갈색 줄에 동그란 자판 속의 시침과 분침이 조금씩 움직이고 귀에 시계를 갖다 대니 소곤거리듯 째깍거리는 소리가 들렸다. '네 삶에 감사하며 미래를 향해 돌진하라.'고.

나는 오늘도 내 작은 갈색 시계의 태엽을 감으며 내 삶을 어떻게 보람 있고 기쁜 시간으로 감아볼까를 생각한다.

눈오는 밤　2005

어머니와 허수아비

목요일 아침. 노란 은행나무가 환하게 줄지어선 길을 달리며 가을 정취 속에 빠져 들었다. 어머니를 모시러 가는 길목엔 아름다운 가을이 한창이었다. 나는 북한산 밑자락에 사시는 어머님을 일주일에 두 번 모시고 다닌다. 일요일엔 교회를, 목요일엔 노인대학을 가야 하는데 혼자 다니시기엔 아흔두 살이라는 연세가 무리일 것 같아 내 스케줄도 바쁘긴 하지만 그 핑계로 어머니를 뵐 겸 작은 효도를 하기로 했다.

오늘, 어머니는 내 차에 오르자마자 들고 오신 귤이 담긴 봉투를 뒤적이더니 참기름 한 병을 건네 주셨다. 나는 운전을 하고 있기도 했지만 손을 내밀어 받기는커녕 눈살을 찌푸리며 "우리 참기름 많아요. 제발 빈손으로 나오세요." 하고 나도 모르는 사이에 어머니를 향해 뾰족한 말투가 튕겨져 나왔다.

어머니께서 외출하실 때면 늘 누군가를 위해 봉지 봉지 들고 나오시는 게 나는 싫었다. 홀로 된 권사님에게 옷, 과일, 과자 등을 거의 매주 빠뜨리지 않고 전해 주시고 목요일엔 노인대학 선생님께 드린다고 향수나 손수건을 가방에 넣어 오신다. 때론 내게도 뒤곁 텃밭에 키운 푸성귀며 냉동실에 넣어 두었던 떡을 싸다 주시면 제발 빈손으로 나오시라고 화를 내기도 했지만 그럴 때마다 어머니는 "네가 나 때문에 늘 수고하니 미안해서 그런다. 가지고 가서 맛있게 해 먹어라." 하신다. 그래도 내가 퉁명스럽게 쏘아붙이면 "이 다음엔 안 가져올게, 이번까지만 받아라." 하시며 웃음으로 나를 달래신다. 그러나 모시러 갈 때마다 어머니의 손엔 여전히 누군가를 위한 봉투가 들려 있곤 했다.

오늘은 참기름이 많다고, 빈손으로 나오시라고 핀잔을 하는 내 앞에서 어머니의 태도가 달랐다. 내 말이 끝나자마자 "그럼 그냥 다시 가져가야겠다." 하시는 게 아닌가. 나는 어머니가 노여워 그러나 싶어 "화나셨어요?" 하며 안색을 살폈다. 어머니는 고개를 가로 흔들며 말씀하시길, 마침 며칠 전에 시골에서 참기름을 여러 병을 짜서 보내 왔단다. 고소한 참기름을 보니 내가 당신을 데리러 오는 날 주고 싶어 한 병을 꺼내다 다른 분에게 줄 귤 봉투 속에 넣어 두었다. 어머니는, 출타가 잦고 바깥일이 많아 집안일을 살필 겨를이 없는 언니를 대신해 이십여 년 간 살림을 보살피며 조카들을 키워 주셨다. 그런데 오랫동안 집을 비웠던 언니가 오늘따라 아침 일찍부터 주방이랑 창고정리를 하다 말고 시골에서 보낸 참기름이 놓여진 곳을 유심히 보더란다. 때마침 내가 어머니를 모시러 와서 벨을 누르자 쇼핑백을 들고 어찌할 바를 모른 채 말을 못하고 참기름을 들고 허둥지둥 대문 밖으로 나오셨다는 것이다. 실제로 언니가 무엇을 살폈는지도 모르시면서.

"언니한테 말씀 못하실 게 뭐 있어요?"

"글쎄, 말 못할 게 없는데 오늘은 입이 꽉 막히더라. 얼른 제자리에 가져다 놓을란다. 괜한 도우미 아줌마만 의심받게 되면 내 마음이 괴로워서…. 아휴, 이젠 나를 사람으로 여기지 마라. 이런 일도 그렇고, 장롱 문만 열면 빤히 보이는 목도리를 한 달 넘게 찾은 것도 그렇고."

"사람이 아니면 뭐예요?"

"허수아비."

"늙은 할머니 허수아비?"

어머니와 나는 크게 소리 내어 웃었다. 어머니의 쓰디쓴 웃음과 나의 허허로운 웃음은 애달픈 메아리가 되어 가슴 속으로 깊이 퍼졌다.

내가 자라면서 본 어머니는 그 시절의 모든 어머니들이 그랬듯이 인정 많고, 부지런하고, 검소하신 분이었다. 이웃이나 어려운 집에 쌀이며 푸성귀를 가져다주는 심부름을 나는 참 많이 했었다.

내가 여덟 살 때였던가. 호박오가리를 넣고 팥을 얹어 찰떡을 한 시루 쪘다. 김이 모락모락 나는 떡을 여러 조각으로 나누시더니 이 집 저 집 나눠 먹자고 하셨다. 처음엔 신이 나서 뛰어다니다 보니 정작 집에 남겨진 것은 귀퉁이 조각을 자른 부스러기뿐이었다. 나는 심부름을 하다 말고 훌쩍거리며 심통을 부렸다. 어머니는 내 등을 토닥이시며 "저건, 너 다 먹어라." 하며 웃으셨다.

평소에 농담으로도 거짓말을 용납하지 않으셨던 어머니. 당신이 한 약속은 어떤 경우에도 꼭 지키셨던 어머니. 재치 있는 말솜씨로 손자들 배꼽을 빼놓으시고, 증손자들까지 생일이면 축복의 말씀을 적어 보내시는 어머니. 가끔 나에게 당신의 이야기를 써주지 않는다고 투정을 부리는 어머니. 자손들의 앞날을 위해 항상 기도하시는 어머니.

다음에 어머니를 뵙는 날 꼭 말씀 드려야겠다. "어머니, 당신은 허수아비가 아닙니다. 당신의 존재 자체가 큰 의미이며 우리 가족 모두가 사랑하고 존경하는 든든한 버팀목이랍니다." 라고.

거리엔 은행잎이 바람 따라 흩어지고 나의 가을은 참기름 내음으로 휩싸인다.

내림 2017

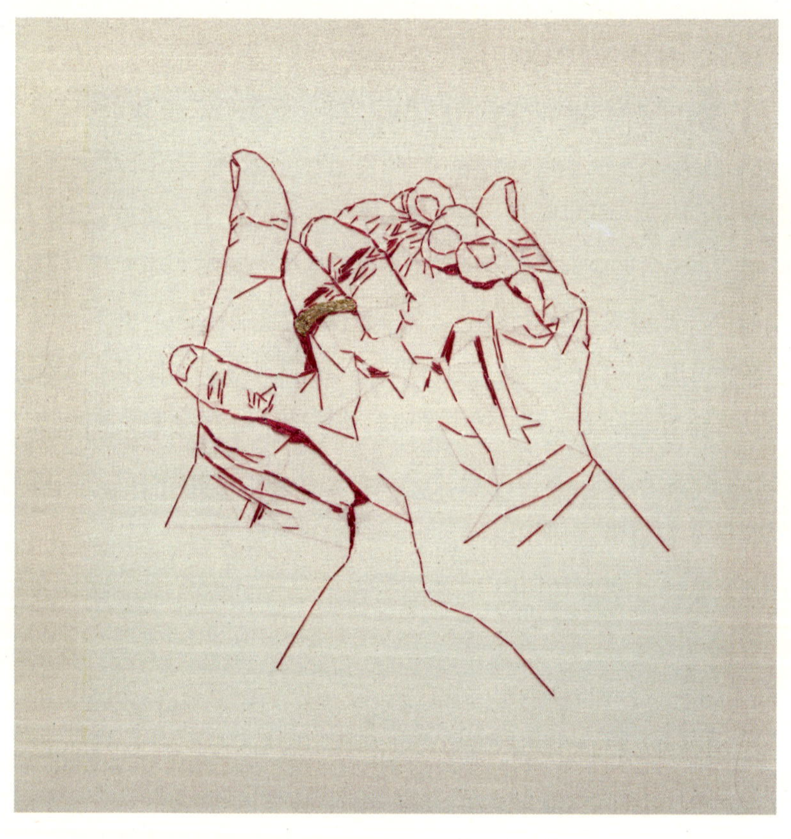

가을날 소고小考

내가 맨 처음 의미 있는 책을 선물 받은 것은 초등학교 3학년 때이다. 교생선생님으로 오셨던 장진식 선생님은 키가 작고 동그란 얼굴에 주근깨가 박힌 귀여운 모습으로 기억된다. 짧은 시간이라 어떻게 학교생활을 했었는지 기억이 안 나지만 교생실습을 마치던 날, 장 선생님은 나를 불러 조그만 꾸러미를 주셨다. 집에 와서 펴 보니 《성경 이야기》와 《알프스의 소녀》, 두 권의 책이었고 책장 안쪽에 인쇄한 듯 예쁜 손 글씨로 짤막한 글도 써놓으셨다. 왜 선생님이 내게 그런 선물을 주셨는지는 잘 모르겠다. 지금까지 선생님의 성함만은 잊지 않고 있을 뿐, 글의 내용은 기억하지 못해 안타깝고 죄송하기만 하다.

그 후 나는 가까운 친구들과 생일이면 책을 한 권씩 선물하는 모임을 만들어 즐거운 시간을 가졌다. 내 생일이 되었을 때 나는

《소공녀》를 받았다. 그 무렵 우리 또래가 즐겨 읽던 책은 주로 《알프스의 소녀》, 《목장의 소녀》 등 고난을 이기고 행복한 삶을 찾는 내용이었고, 책을 한번 들면 다 읽어야 손에서 내려놓던 시절이었다. 《알프스의 소녀》는 읽고 또 읽어서 알프스의 정경이 영화 속 장면처럼 선명했다. 초원에서 뛰노는 하이디와 피터, 나중에 건강을 되찾기 위해 찾아와 함께 생활하는 클라라의 귀여운 모습, 별이 쏟아지는 밤, 산막에서의 신비한 밤하늘은 내 가슴을 설레게 했다. 더구나 닳도록 읽던 이 책은 어느 날 화장실에 들고 가서 읽다가 변기통에 빠뜨려 버려 긴 막대기로 겨우 꺼내서 물에 씻어 말리느라 고생했던 게 어제 일 같다.

내가 어머니를 참 많이 졸라서 샀던 책은 중학교 때 《한국 단편문학 전집》 5권이었다. 1920년대부터 1950년대의 수많은 작가의 작품을 읽으면서 나의 정신세계도 조금씩 성장했다.

나는 황순원의 〈별〉을 읽으며 어머니를 그리워하는 주인공의 마음에 가슴 뭉클하기도 했었다. 주인공인 아이는 얼굴도 모른 채 돌아가신 어머니가 마음속에서 예쁜 모습으로 자리 잡고 있었다. 아이는 어머니를 대신해 살뜰하게 자신을 돌봐주는 누이가 어머니랑 닮았다는 이야길 듣고 난 후부터 누이를 괴롭힌다. 어머니는 결코 못생긴 누이를 닮지 않았다고. 가엾은 동생을 죽은 엄마 몫까지 다해 보살피던 누이는 맘에 없는 사람과 혼인을 하게 된다. 집을 떠나면서 보이지 않는 동생을 애타게 찾지만 멀찌감치 숨어서 누이의 가는 모습을 보고 있는 아이. 누이가 시집간 지 오래지 않아 누이의 부고를 받게 되자 아이는 누이와의 많은 일들이 떠오른다. 울면서 별을 바라보는 아이는 또 하나의 별이 결코 누이의 별이 될 수 없다고 눈을 감아버린다. 결국 강하게 도리질하지만 아이의 마음속엔 누이와 어머니는 같은 의미의 별이 된 것이다.

오십여 년이 지난 이 전집은 지금도 책꽂이에 꽂혀 있어 어쩌다 먼지를 털며 책장을 넘기면 누렇게 변색되고 바스러진 책 부스러기가 그 옛날의 기억과 함께 아스라이 퍼져 나간다.

돌아보면 가리지 않고 책을 많이 읽었던 시절은 고교시절이었다. 그때는 책 속의 깊은 의미를 새기기보다는 줄거리 위주의 독서였다. 결국 도스토옙스키의 《백치》, 톨스토이의 《안나 카레니나》는 대학에 와서 다시 읽기도 했는데 《안나 카레니나》는 마치 내가 주인공 안나인 양 착각하며 책 속에 빠져 들었었다. 객관적으로 본다면 안나와 브론스키의 사랑은 불륜이었다. 그럼에도 나중엔 브론스키에게마저 버림을 받고, 달려오는 기차에 몸을 던지는 안나의 마지막은 못내 안쓰럽고 안타까웠다. 왜 톨스토이는 안나에게 비참한 죽음을 맞게 했을까. 비정상적인 사랑이라서 비극적인 결말을 맺은 것일까. 톨스토이는 당시 러시아의 사회상과 인간으로서의 도덕적인 삶을 묘사하지 않았나 싶다.

내 젊은 시절 가장 고뇌하며 의미 찾기에 열을 올렸던 작품은 헤르만 헤세의 《데미안》이다. 에밀 싱클레어의 청춘기의 방황을 내 삶과 대비해 보기엔 어려움이 많았다. 다만 유명한 글귀 "새는 알을 까고 나온다. 알은 세계다. 태어나려는 자는 하나의 세계를 깨뜨려야 한다. 새는 신에게로 날아간다. 신의 이름은 아프락사스다."는 늘 내 마음속에서 소곤거렸고 많은 사람들의 기억에도 남아있을 것이다.

산들산들 불어오는 가을바람 속에서 추억의 페이지를 넘기다 보니 그립기만 한 영상들이 스쳐 지나간다. 어릴 적 '권선징악勸善懲惡' 등을 주제로 한 옛날이야기로 시작된 나의 책 읽기에서, 내 기억 속에 머물고 있는 많은 주인공들의 삶이 내 인생에 어떤 영향을 끼쳤을까를 생각해 보는 시간을 가졌다. 요즘은 손주들에게 내 어린 시절 동화책을 읽어 주며 나는 공주도 되고 개구리 왕자도 되어 본다. 손주들이 좀 더 자라면 여러 개의 별을 거쳐 오면서 다양한 삶을 바라보았던 《어린왕자》 이야기도 들려줄 것이다. '세상에서 가장 어려운 일은 사람이 사람의 마음을 얻는다는 것', '중요한 것은 마음으로 보아야 정확하게 볼 수 있다는 것'에 대해.

집 앞 숲에 가을이 왔다. 내가 좋아하는 가을이 짙어간다.

안녕 보따리 2015

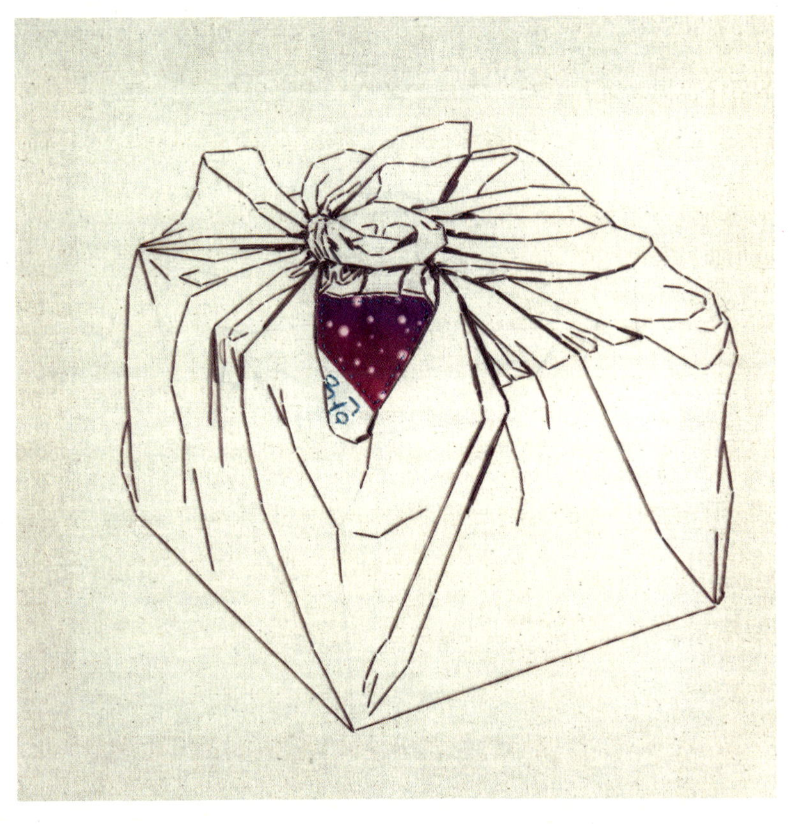

첫 수업 소감

어느 날, 평생교육원으로 심리학 강의를 들으러 갔던 딸애가 내게 전화를 했다.

"엄마, 아직도 접수받고 있는데 엄마도 강의 신청해서 같이 다녀요."

나는 별 생각 없이 어느 강의를 듣는 게 좋을까 물었다.

"나랑 같이 다니려면 화요일 강의 중 골라보세요." 한다. 내가 호감이 가는 강의는 '생활수필쓰기'와 '생활한방'이었다. 그러나 '생활수필쓰기'는 이 나이에 스트레스 받으며 글을 써야 하나 싶어 '생활한방'으로 접수하라고 했다. 그런데 전화기를 통해 딸애가 "안녕하세요." 하고 누군가와 인사를 하는 소리가 들려왔다. 집안 언니처럼 절친하게 지내는 H 언니를 거기서 만난 것이다. 언젠가 모임에서 만난 언니는 생활수필쓰기반에 다닌다고 하면서 재미있으니 나와 보라고 권유한 적이 있었는데 나는 그냥 웃으며 귀 너머로 흘려들었었다.

전화를 바꾼 H 언니는 생활수필쓰기반에 들어오란다.

"언니, 나 글쓰기 못하는데 다른 반 갈래."

"아이구, 나도 지난 학기엔 한 편도 안 쓰고 다른 분들 작품만 감상했다." 하는 말에 순간, 내 머리가 환히 밝아지는 느낌이 들며 '그렇구나. 하긴 쓰고, 안 쓰고는 내 맘이니까, 나는 안 쓰고 다른 분들 작품만 감상해도 되겠구나.' 하는 생각을 했다. 우연히 그 시간 그 자리에서 언니를 만난 것은 운명 같은 것이 아닐까 하는 생각도 들었다. "그래요. 수필반으로 접수할게요. 그 핑계로 언니도 가끔 보고." 그렇게 나는 가벼운 마음으로 딸애에게 수필반에 접수를 시켰다.

집안일을 바삐 하다가 '다음 화요일부터 강의를 들으러 다니는구나.' 하는 생각이 들면서 아차 싶었다. 글쓰기 반에 들어가서 글을 안 쓰고 시간을 어떻게 보낸단 말인가. 한 편도 안 썼다는 H 언니의 꼬임(?)에 빠져 넘어가 버린 느낌도 들면서 조금씩 불안해졌다. '모르겠다. 일단 한번 가 보기나 하자. 그리고 결정하지, 뭐.' 하는 생각으로 마음을 다독거렸다.

화요일 아침. 미리 사 둔 노트를 들고 일찍 나서는 나를 보고 딸애가 "그래도 두꺼운 노트랑 준비하셨네요." 하며 빙긋 웃었다. 딸애는 7층의 수필쓰기반 교실까지 안내해주고 자기 강의실로 돌아갔다. 문을 열고 들어서는 순간 '헉' 숨이 막힐뻔 했다. 빙 둘러앉아 계신 대부분의 학생들은 평균 연령이 60세 이상인 것 같았다. 나는 순간 당황했고 H 언니를 찾아봤지만 얼른 눈에 들어오지 않았다. 모두 단아하고 곱게 늙으신 할머니들만 모여 있다고 해도 틀린 말이 아니었다. 이를테면 인생의 대선배님들이었다. 더구나 H 언니도 성지순례 갔다고 하면서 출석하지 않았다. 내심, '와! 어떻게 시간을 보내지?' 하면서 조용히 한 쪽에 앉아 있으니 몇 분이 써 오신 글을 돌렸다. 시간이 되자 바바리코트의 멋쟁이 교수님이 들어오셨다. 자세히 뵈니 구수한 옛날얘기라도 들려주실 것 같은 인상이었다.

수업은 먼저 수필에 대한 이론을 강의하시고, 다음으로 작품 평가 시간을 갖는다. 글을 써온 분이 직접 낭독을 하고 학생들이 그 글에 대한 논평을 하는 방식이었다. 물론 수업이 시작되기 전에 자기 글을 복사해서 참석한 이들에게 배부해 두어야 한다. 낭독한 글을 듣고 논평이 끝나면 교수님께서 종합적인 논평을 해주셨다. 그 과정은 연세를 뛰어넘어 쓰신 분도, 감상하시는 분도, 모두 진지하고 열심이어서 나는 갑자기 부끄러워졌다. 나이가 무슨 문제인가? 저렇게 열심히, 즐거운 마음으로 글을 쓰시는 분들 앞에서 내가 오히려 무능력하고 훨씬 늙은이처럼 살아온 것 같아서 마음의 자세를 고쳐 먹어야 할 것 같았다. 교수님 말씀처럼 매주 한 편은 못 쓰더라도 나름대로 최선을 다해 보겠다고 다짐했다. 겨우 그 정도 각오냐고 핀잔을 맞을 소리지만 '시작이 반'이란 말이 있듯이 이미 시작을 했으니 나의 글쓰기는 출발을 한 셈이다. 지금껏 잠자고 있었던 나의 창작에 대한 욕구를 깨워보리라 스스로 다짐하면서 다음 강의 시간을 기다려 본다.

나는 너를 응원할 것이다 2015

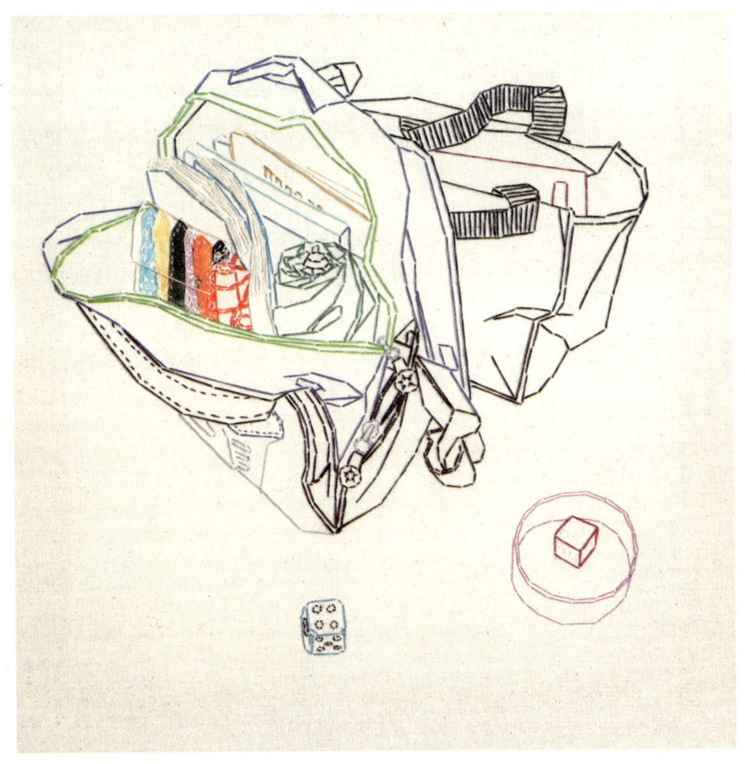

아들에게 띄우는 편지

아들녀석이 공중 보건의를 지원하여 논산에서 4주간 훈련을 받게 되었다. 훈련을 시작한 지 며칠 후 내 휴대폰으로 문자가 왔다. 어떻게 지내는지 궁금하던 차라 간략한 문자였지만 연애편지를 읽는 기분이었다.

"정찬세 훈련병. 28연대 배치. 인터넷으로 사진 검색 가능."

부랴부랴 그 사이트를 찾아 사진을 확대하여 아들의 군복 입은 모습을 보았다. 소대원들과 함께 주먹을 불끈 쥐고 무슨 구호를 외쳐대는 듯한 사진이었다. 요즘 군대는 부모에게 자식의 군 생활에 대한 궁금증을 인터넷을 통해 알려주고 급하거나 어려운 사정이 발생하면 선처를 해주는 것 같아 마음이 놓였다. 난 매일 주먹 쥔 아들의 모습을 보다가 메일을 보내면 아들이 직접 받아볼 수 있다고 하여 퇴소해서 나오는 날까지 짤막한 편지를 썼다.

3월 0일

오늘은 네티즌 광장의 글쓰기까지 들어오는데 많은 시간이 걸렸다. 그러나 아들을 생각하며 끈질긴 시도 끝에 이 글을 쓸 수 있게 되었다. 짜증이 나서 그만 포기할까 했었거든. 이곳 날씨는 계속 꾸물거리고 비가 내린다. 며칠 전 도로변에 개나리와 진달래가 활짝 피어 봄임을 실감했는데 오늘은 황사와 비가 섞여 내리는 바람에 주차장에 세워 둔 차가 지저분한 봄날이 되었다. 그래도 하루하루가 지나고 네 훈련도 반으로 접혔구나. 아쉬워서 어떡하니? 그냥 살 빠질 때까지 조금 더 받을래?ㅋㅋㅋ '엄마가 훈련 받으실래요?' 하고 말하고 싶지? ㅎㅎㅎ

아들아. 조금 전 현관문을 열고 들어오면서 맨 앞에 놓인 까만 구두를 보는 순간 네가 집에 왔나 하는 착각을 했단다. 늘 그 자리에 놓여 있던 구두가 오늘따라 내 눈에 들어옴은 왜일까. 집안 식구들은 모두 즐겁게 잘 지내고 있으니 너 자신만 생각하며 훈련에 임하거라. 일요일이면 교회에 나가서 기도드리고. 누구 앞에 서건 부끄럽지 않은 사람이 되도록 바른 생각, 좋은 생각을 하며 살자. 오늘도 너를 그리워하는 이가 많음에 행복을 느끼며 네 사랑도 베풀며 사는 삶이 되길. 안녕!

친구 같은 엄마가.

4월 0일

전화로 들려오는 네 목소리에 반가움이 컸다. 이제 10여 일밖에 안 남아서 아쉬움이 크겠구나. ㅎㅎㅎ 백일만큼 천 일만큼 값지게 훈련을 받아라. 훈련이 끝나는 날, 데리러 갈게. 어떻게 변했을까 기대가 되는데 글쎄, 평소에도 매력덩어리였는데, 뭘. 너무 치켜세웠나? 적당히 알아들어라. 주말이면 누나네 온 식구가 집에 와 지내니 아빠는 무척 좋아 하신다. 난 인생 선배님들의 말씀대로 오면 반갑고, 가면 더 반갑다는 말을 실감하게 됐지만. 내일부터 시작되는 훈련도 잘 받고 완벽한 군 생활을 마치기 위해 고생을 두려워하지 마라. 험하고 힘든 일도 솔선수범해라. 안녕!

네가 부러워하는 엄마.

4월 0일

화요일 저녁이다. 아파트 단지 안에 장이 서는 날이라 나가서 빙 둘러보는데 아직은 바람이 차다. 너의 컨디션은 어떠니? 장에서 할머니 스웨터를 하나 사고 바나나와 참외를 사면서 네 생각을 했다. 넌 딸기와 귤을 잘 먹는데. 그곳에서도 과일은 먹니? 요즘은 군대에서도 부식이나 간식이 잘 나온다던데. 하긴 넌 잠시라도 못 먹는 편이 더 나을 거야. ㅋㅋㅋ 얼마나 멋진 모습으로 신체가 단련됐는지 그날을 기다릴 거다. 아빠는 여전히 바쁘시다며 일찍 나가시면 늦은 밤 귀가하신다. 바쁘게 일하시는 게 좋긴 하지만 이젠 일 욕심을 버렸으면 싶다. 나보다는 아들 말을 더 잘 들을 테니 나중에 뵐 때 말씀드려 보아라. 같이 입소한 네 친구들도 잘 지내니? 특히 도형이에게 안부 전해라. 퇴소 후 비포, 에프터 사진 비교해 보자고. 남은 기간 잘 지내라. 적당히 보내지 말고 모든 걸 성심성의껏, 온 힘을 다해 훈련을 받아라. 하루하루가 이리도 빠르니 한 순간이라도 헛되이 보내지 말아라. 안녕!

욕심 많은 엄마가.

4월 0일

오늘 군사 우편 받았다. 네 편지는 없고 퇴소식에 관한 안내문과 출입 허가서만 달랑. 매일 널 생각하며 글 쓰는 엄마를 생각한다면 답장을 안 쓸 리가 없을 텐데…. 아빠는 내가 너에게 글 쓰고 있으면 자기 얘기도 써 달라고 애교를 부리는구나. 그 모습 눈에 선하지? 은근히 아빠가 너를 더 보고 싶어 하셔. 나이 들수록 난 더 씩씩해지고 아빤 더 여려지시니 원, 참. 날더러 어쩌라구? 내가 사랑하는 사람들은 모두 행복했으면 좋겠다. 조금씩의 불만, 걱정거리는 누구나 있게 마련인데 넌 예외야. 그치? 늘 행복하고 즐겁고 편안하고. 요즘도 그렇지? 오늘 밤엔 내 꿈꾸며 잘 자라. 악몽이라구?ㅋㅋ 안녕!

네가 늘 행복하기를 바라는 엄마.

4월 0일

집에 들어오는 나를 반겨준 건 진한 히야신스 향내…. 어제 구기동 내려

오다 샀거든. 분홍색 보라색, 봉오리가 많이 맺힌 것으로. 완연한 봄빛이 집에서도 거리에도 현란하다. 내 아들은 이 봄 향기를 맡으며 행군도 하고 포복도 할까? 행복하겠구나. 누구, 약올리냐구? ㅋㅋㅋ 이제 정말 마무리할 시간이 되었구나. 이틀 남았네? 시간 참 빨리 간다. 배낭 메고 논산으로 출발하던 날이 엊그제 같은데. 훈련 마치고 와서 무얼 가장 하고 싶니? 엄마랑 팔짱끼고 데이트? 좋지. 무얼 먹고 싶니? 무엇이든 말만 해. 다 먹여줄게. 누가 제일 보고 싶니? 당연히 엄마지? ㅎㅎㅎ 너무 직접적인 표현을 했나? 잠시나마 너의 피로를 풀어주기 위한 진담(?)이니까 오버하지 말아라. 아들아. 두꺼비처럼 침대 위에 널부러져 자던 네 모습이 눈에 삼삼하다. 이제 돌아오면 두꺼비가 아니라 물 찬 제비로 바뀌 보일까? 기대해도 되겠지? 오늘은 이만 쓸게. 잘 자라.

아들을 약올리고 싶은 엄마.

4월 O일

봄비가 기분 좋게 내렸다. 내일이면 마지막인데 송별회라도 하니? 남은 시간까지 군기 빠지지 않게 군인임을 자각해라. 너의 불침번으로 우리가 편히 잠들 수 있다는 것에 기쁨을 느껴라. 그렇다고 집에 와서까지 불침번은 서지 않아도 돼. 우리 아들, 만나는 날 첫 마디가 무얼까? '충성' '봉사' '애국' 기타 등등. 아님, '보고 싶었습니다.' '사랑합니다.'(?) 이건 좀 간지럽다. 아무튼 기대해 보자. 내가 듣고 싶은 말이 뭐냐고? 알면서…. 간식은 무얼 준비해가야 아들 입이 벌어질까? 곧 만날 걸 생각하니 마음 편해지면서도 한편으론 아쉬운 감이 있다. 훈련기간이 더 길어도 되는데. ㅋㅋㅋ 병영에서 남은 이틀 밤을 잘 지내거라. 안녕!

무슨 말을 듣고 싶은 엄마.

아들을 만나기 위해 설레는 가슴으로 밤잠을 못 이루고, 이른 새벽 출발하여 도착한 논산 연무대는 벚꽃 궁궐이었다. 분홍빛 터널을 지나며 이렇게 예쁜 공간이라면 나도 며칠 머물며 훈련을 받고 싶어졌다. 널찍한 연병장엔 대대별로 훈련병들이 들어오기 시작했다. 난 목을 빼고 아들의 모습이 나타나길 기다렸다.

"충성!!"

아들은 제법 군인다운 모습으로 날 껴안았다. 그러나 내 아들은 여전히 두꺼비였다.

깔깔깔 2008

꿈은 지금 여기에

어느 날 손자가 손가락 마술을 가르쳐 준다고 열심히 시범을 보이는데 내가 도통 따라하지 못하고 쩔쩔 매고 있으니까 옆에서 보고 있던 다섯 살짜리 손녀가 "오빠, 할머니는 늙어서 못 하잖아~." 했다. 애써 가르쳐봐야 소용없다는 뜻일 게다. 손녀는 나를 보며 빙긋 웃어주는데 그 깊은(?) 뜻을 알 수가 없었다. 나를 무시하는 건지, 동정하는 건지, 늙었으니까 못해도 괜찮다는 건지.

나이가 들어 늙어간다는 것은 누구도 막을 수 없다. 노랫말처럼 '내 나이가 어때서~~.'를 아무리 외쳐본들 점점 심신이 나약해 짐을 거스를 수는 없을 터. 나도 어느새 무릎이 아파서 앉거나 일어설 때면 '애고 애고'가 절로 나오고 달리기는 꿈도 꿀 수 없게 되었다. 또한 돋보기가 없으면 글 한 줄도 읽을 수 없으니 늙어지면 학벌도 미모도 평준화가 된다는 우스갯소리가 현실이 되어버렸다.

한 해가 가고 또 새해를 맞으며 거울 앞에 섰다. 거울 속에 비친 내 삶들이 쏟아져 나온다. 나도 젊고 아리따웠던 때도 있었고, 행복한 미래를 꿈꾸며 싱싱한 날을 보낼 때도 있었고, 아이들과 더불어 기쁘고 복된 나날도 누리기도 했었는데 내 삶의 꼭짓점은 과연 어디였던가. 지난 주 목사님은 나이가 들면 유명인에서 무명인으로 살아가는 자세를 가져야 한다고, 인생에 앙코르는 없다고 하셨다. 젊고 활기차게 무언가 주도했던 삶은 잊고 누가 나를 알아주지 않아도, 때론 나이 듦이 서글퍼지더라도 스스로 쌓아 온 삶의 자취에 만족을 해야 할 테고 '내가 다시 젊은 시절로 돌아간다면'이라는 가정이 결코 실현될 수는 없으니 하루하루를 소중하게, 바르게 살아야 한다는 의미이리라. 그렇지만 나는 내 인생에 앙코르가 있었으면 좋겠다. 정말 멋지게, 후회 없는 삶을 살아보게.

갑자기 찾아 온 위기로 나는 웃는 얼굴로 다녀도 속이 타들어가는 시절이 있었다. 나의 명예나 자존심이 바닥에 내동댕이쳐진 적도 있었다. 이런 것들에서 자존을 세우고 회복되기까지는 많은 시간이 흘렀다. 아니, 아직도 회복 중이다. 긴 시간 나는 밝은 미래를 꿈꿀 수 없어 움츠리고, 오로지 어두운 터널에서 빠져 나오지 못해 안간힘만 썼다. 어느 일요일 목사님 설교 중, 'Dream is no where (꿈은 어디에도 없다.)'를 띄어쓰기 하나만 달리해 보면 'Dream is now here (꿈은 지금 여기에 있다.)'가 된다는 말씀을 들었다. 신선한 충격이었다. 그래. 철자의 위치에 따라 뜻이 완전히 뒤바뀌듯이 우리에게 부딪친 어떤 상황도 마음먹기에 따라 바뀔 게 아닌가.

언젠가 TV 프로그램에서 대학교 4학년 때 교통사고로 인해 전신 화상을 입고 수십 번의 수술을 거쳐 회복해가면서 절망하지 않고 오히려 감사의 삶을 살고 있는 이지선 양의 토크쇼를 보았다. 갑자기 당한 사고로 그녀의 아름답고 생기발랄했던 모습은 순식간에 처참한 모습으로 변해 버렸다. 그녀는 오랜 시간 수술실, 중환자실을 오가면서 살기 위한 첫걸음이, 원망이나 절망보다는 감사의 마음을 갖는 것이었단다. 그래서 짧아진 손가락이지만 스스로 숟가락질을 했을 때, 엄지손가락으로 환자복 단추를 채웠을 때 등 하루 한 가지씩 감사할 것을 찾아 버티어 냈다고 한다. 사고 후 변해버린 외모와 불편한 상황들을 '나는 연예인이다.'라는 긍정적인 생각으로 바꾸고 연예인과의 공통점을 찾아 몇 가지를 꼽기도 했다. 사람들이 쳐다보니까 대중교통 이용이 쉽지 않고, 성형수술 경험이 꽤 있고, 항상 매니저(엄마)가 곁에 있는 것 따위가 과연 연예인과 흡사했다. 항상 남과 비교하지 않고 '나'라는 존재 자체로의 행복을 느끼며 꿈을 잃지 않고 살아가는 그녀에게서 많은 것을 배우고, 내가 훨씬 더 많이 감사하며 살아야 할 처지임을 깨닫게 되었다.

그 무렵 오래전부터 알고 지내던 친구가 일주일에 한 번씩 문자를 보내 왔다. '웃다 보면 즐거워지고 즐거우면 일도 잘 풀린대요.

많이 웃으세요./ 당신의 내일은 모든 것이 평화롭고 건강하며 행복한 날들이었으면 좋겠습니다./ 꿈을 꾸세요. 우리 곁에 무한한 가능성이 있습니다.' 등등 누군가의 글을 인용한 것인지는 몰라도 마음의 양식이 되는 좋은 글을 보내주었다. 나를 격려해주는 짤막한 글귀에서 큰 위로를 받았고 힘을 내어 웃을 수도 있었다. 그리고 꿈을 꾸었다. 내게 주어진 삶을 최선을 다해 사노라면 언젠가는 나를 감싸고 있는 마음의 짐을 벗고 오히려 베풀며, 봉사하며, 기쁘게 살 수 있으리라는 꿈을.

그렇다. 꿈은 내 곁에 있다. 젊고 늙음에 상관없이 꿈을 갖고 달려보자. 나의 현재가 불투명하고 힘들수록 긍정적이고 밝은 꿈을 가져보자. 상상의 나래를 펴며 이루어질 내 꿈의 세계를 향해 비상飛上해보자, 새해에는.

그땐 미처 알지 못했지　2015

2부

아이 미스 유(I miss you)

왜 사냐건

우리 모두 구구팔팔

고백

딸의 남자친구

내 사위에게

카페아저씨

아이 미스 유(I miss you).

"아이 미스 유, 유 투?(난 네가 그립다. 너도 그렇지?)"

"으흥?"

늦은 밤, 기숙사에 있는 아들에게 전화를 걸어 평소 남편에게도 안 부리는 애교를 부리며 코맹맹이 소리로 물었다. 아들은 웃음 반 대답 반으로 긍정도 부정도 아닌 어정쩡한 대답으로 내 말을 받았다.

아들이 모처럼 집에 오는 주말에도 오늘은 이 친구, 내일은 무슨 모임, 하며 얼굴 보기도 힘들게 밖으로만 뱅뱅 돌다 새벽에 들어오길 반복하면 나는 이제나 저제나 참고 기다리다 못해 폭발 직전에 이른다. 그 시점을 용케 알아차린 아들이 꽃다발을 들고 들어와 코앞에 내밀거나, 데이트를 하자며 어리광을 부리면 야단치려고 벼

르고 있었던 감정은 어느새 사라지고, 철없는 아이처럼 금방 입이 '헤' 벌어진다. 든든하게 자란 녀석과 팔짱을 끼고 번화한 거리를 걷기도 하고, 분위기 좋은 레스토랑에 앉아 발라주는 새우요리를 먹고 앉았노라면 세상에 부러울 게 없다. 오늘도 친구들과 어울려 놀다가 새벽녘에 들어온 아들이 한숨 자고 일어나더니 뾰로통해진 나를 보고 드라이브를 하잔다. 못 이기는 척 아들과 아까시 향기 물씬 풍기는 길을 차를 타고 달리는데, 운전을 하며 가던 아들이 자기는 앞으로 멋진 2인승 스포츠카를 사겠다고 한다. 난 말이 채 끝나기도 전에 "왜 하필 2인승이야? 아하! 네 옆에 엄마만 태우고 다니려고?" 나의 능청에 아들의 애매한 표정은 상상해 볼 만하다.

요즘 아들 곁엔 예쁜 여자 친구가 자릴 잡았다. 어느 날, 아들은 만나던 여자 친구와 백일이 되었다며 한껏 멋을 내고 내 차까지 빌려 타고 외출을 했다. 난 등 뒤에서 무심코, 선물은 뭘 준비했느냐고 물었더니 "백 송이 장미." 하며 나간다. 나간 뒤 한참 후에야 문득 괘씸한 생각이 들어 휴대폰으로 더듬더듬 문자를 찍어 날렸다. '너와 나의 만남은 구천백이십오 일'이라고. 그날 밤, 늦게 돌아온 아들은 한 아름 꽃다발을 내밀었다. "엄마! 세어보세요. 아마 구천 송이 더 될 걸요? 시간이 꽤 걸리겠네요." 그건 새하얀 안개꽃 다발이었다.

아들은 대학 신입생이 되자 제일 하고 싶었다면서 머릴 노랗게 물들이고 한쪽 귀를 뚫어 귀걸이를 했다. 집안 어른들 보시면 큰

일 난다고 원상복귀 하래도 도무지 말을 듣지 않더니 어느 날 갑자기 귀걸이를 빼고 머리를 검게 물들이고 나타났다. 변화된 모습의 배후엔 물론 여자친구의 입김이 있었으리라. 삼십 년 길들인 아들을 며느리가 삼 일 만에 바꿔 놓는다더니, 내심 서운하고 기가 막혔다. 요즘은 장가간 아들집에 갈 때는 전화로 가도 되는지 묻고 가야 한다든가, 밑반찬이나 김치를 담가서 가져다 줄 때도 될 수 있으면 경비실에 맡겨 놓고 그냥 되돌아가는 게 좋다고 하는 아들 며느리도 있다니, 설마 그럴 리가! 그렇다면 아예 한 집에서 같이 살아야할까 보다. 처음에 조금 갈등이 생길 수 있겠지만 부대끼며 사노라면 차라리 정이 들고 내 딸처럼, 친구처럼 사이좋게 지낼 수 있지 않을까. 난 며느리랑 그렇게 살고 싶은데.

나의 시어머니는 나를 며느리라기보다는 딸처럼, 아니 손녀처럼 귀여워 해 주셨다. 그도 그럴 것이 내가 시집갔을 땐 팔남매 중 여섯째였던 남편인지라 어머님 연세는 일흔을 넘기신 터였다. 그리고 슬하엔 이미 내 나이 또래의 손자까지 보셔서 집안 일로 시골 큰댁엘 가면 모여드는 자손들이 오십여 명이 넘어 댓돌 위에 온전히 놓인 신발 찾기란 어려울 지경이었다. 내가 시어머니를 존경하는 까닭은 절대로 누구 앞에서건 며느리들 흉을 보시는 법도 없었고, 여섯 며느리 처지를 깊이 헤아려주셨기 때문이다. 모처럼 제삿날 시댁엘 가도 직장엘 다닌다는 핑계로 방에 앉아 수저나 놓고 있는 내게는 피곤할까 차마 아무 말씀 못하시고 부엌에서 일하시는 형님들께는 미안해서 괜히 부엌을 들락날락했던 시어머니. 어쩌다 우리 집에 오신 어머니께, 살림에 서툴렀던 내가 어떤 음식을 해 드려도 맛있는 척 잡수시고 옷을 사 드려도 무조건 '좋다.'시며 날 편케 해 주셨다.

장가든 아들이지만 키울 때 생각하시며 가까이서 토닥거려주고 싶었을 시어머니. 아들을 속 깊이 사랑하셨지만 내 앞에선 무심한 듯 내게 더 사랑을 주셨던 시어머니셨다. 난 이제야 인자하고 현명했던 시어머니의 심중을 헤아릴 것 같다. 내가 항상 시어머니를 존경하고 그리워하는 것처럼 훗날 내 며느리도 그랬으면 좋겠다. 그렇다면 다 자란 아들을 상대로 애교도 부려보고 투정도 해보는 것은 이제 이쯤에서 그만두어야겠다. 지금부터는 나도 늘 가까이 하고 싶은 아들을 향해 마음속으로만 "아이 미스 유."를 외쳐야 할까 보다.

아들로부터 모처럼 전화가 왔다. 나도 모르게 들뜬 음성이 되어, "엄마 보고 싶어 전화했니?" 했더니 멋쩍게 웃으며 내일 아침 여섯 시에 모닝콜을 해달란다. 녀석, 그러면 그렇지.

어부바　2012

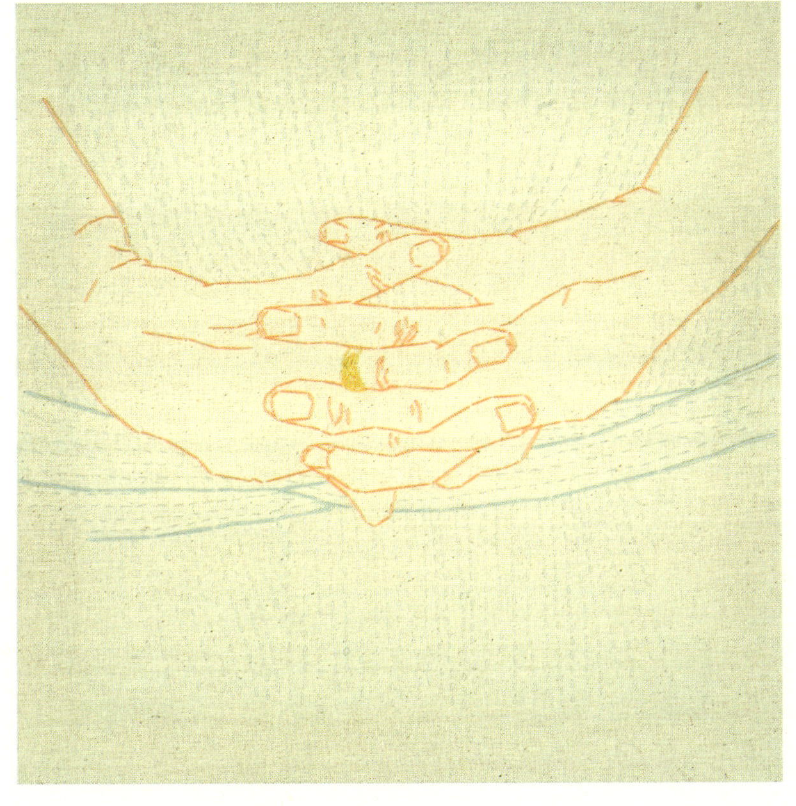

55
아이 미스 유. (I miss you)

왜 사냐건…

유난히 하늘이 새파란 월요일 아침. 집에서 막 나오려는데 걸려온 친구의 전화 때문에 10시부터 시작하는 수필과비평 창작아카데미의 강의를 들으려면 버스 대신 택시를 타야 했다.

하늘빛 남방셔츠에 머리를 곱게 빗어 핀을 꼽고, 하얗고 갸름한 얼굴에 짙은 선글라스를 쓴 여자 기사님이었다.

"어머나, 예쁜 기사님 차를 타서 기분이 좋아요."

그녀는 가지런한 이를 드러내며 빙긋이 웃기만 했다. 서로 말없이 달리는 동안 기사님에 대한 궁금증으로 내 머릿속은 복잡해졌다. 오십을 훌쩍 넘긴듯한 여자의 몸으로 택시 운전을 하게 된 사연은 무엇일까. 제법 귀부인 티가 나는데 왜 택시 운전을 할까. 사연이 궁금해져서 세브란스 병원 앞을 지날 때쯤 내가 먼저 입을 열었다.

"왜 택시 운전을 하세요?"

"이 나이에 내가 할 수 있는 거라곤 운전밖에 없더라구요."

그녀는 실타래가 풀리듯 말을 이어 나갔다. 삼 년 전, 건강하게 직장에 잘 다니던 남편이 갑자기 췌장암 판정을 받고 일 년쯤 병원에서 투병을 하다가 저축한 돈 다 떨어지고 그녀의 몸도, 마음도 지칠 대로 지쳐가던 어느 날 떠나버렸단다. 그동안 집안살림하면서 남편과 하나뿐인 아들 뒷바라지밖에 할 줄 몰랐던 그녀는 동사무소에 가서 남편의 사망신고를 하는 것조차 어려웠다. 한동안 주위 친구는 물론 친척들마저 만나기 싫어 집에만 꼭꼭 박혀있기를 일 년여. 휑해진 그녀의 삶에 남겨진 거라곤 대출이 있는 작은 아파트와 십 년이 넘은 낡은 승용차 한 대뿐이었다.

"남편이 건강했을 때 차를 바꾸자는 걸 아직 더 탈 수 있다고 사양했던 게 후회가 돼요."

그녀는 장갑 낀 손으로 핸들을 돌리며 씁쓸하게 웃었다.

가버린 남편 생각에 빠져 살던 어느 날, 쌀통에 쌀이 바닥난 걸 보고 정신이 번쩍 들었다. 눈앞의 현실은 대학생인 아들 학비도 문제였고 기본적인 생계유지도 막막해졌다. 안간 힘을 써가며 몸과 마음을 추스르고 뭔가 해야겠다고 생각하는데 아무리 주위를 둘러 봐도 의논할 상대가 없었다. 생각다 못해 염치없지만 남편과 친했던 친구를 찾아가 상의를 하자 흔쾌히 본인의 보험 약관 대출을 받아 그녀를 도와주었다.

새롭게 시작한 일은, 고물이 된 TV내부에서 구리 조각만 골라서 모아 중간 상인에게 넘기면 되는 일이었다. 자금의 일부는 보증금을 주고 나머지로 중고 트럭을 사서 직접 운전을 하며 이곳 저곳 뛰어다녔다. 몇 개월 불규칙하게나마 수입이 있더니 어느 날 갑자기 보증금을 받은 사장이 가게 문을 닫고 행방을 감추어 버렸다. 얼마간을 수소문하며 찾아보았지만 허사였다. 보증금을 돌려받지 못한 채 빚만 늘어나 절망적인 상황이 되자 세상이 원망스럽고 한편으론 똑똑치 못한 자신이 무능해 보였다. 앞으로 어떻게 살아야 할까를 생각하니 막막하기만 했고 생전의 남편이 든든하게 지켜주었던 날들이 그리웠다.

목적지도 없이 거리를 헤매던 어느 날, 때 묻은 포대기로 갓난아기를 업고 힘들게 붕어빵을 구워 파는 젊은 엄마를 보았다. 순간 마음이 아려오면서 자신은 그래도 운전이라도 할 줄 아니까 행복한 게 아닌가 싶더란다. 남편과 아들을 위해 승용차 운전을 오래 했고 잠깐이나마 트럭 운전도 해 보았기에 택시 운전은 할 수 있을 것 같았다. 그래서 6개월 전부터 택시회사에 취직하여 운전을 하게 되었다. 여자 기사라서 늦은 밤 운전은 신경이 쓰여 새벽에 일찍 나와서 초저녁에 일을 마쳤다.

봉급을 받으면 맨 먼저 남편 친구가 대출해 준 돈을 갚기 위해 일부를 떼어내어 입금 시켰다.

“그러다보니 어느새 빚이 절반으로 줄었어요. 난 빚 갚는 재미로 살아요. 호호."

"빚 갚는 재미로 산다구요? 그 재미도 괜찮겠네요."

밝게 웃으며 운전을 하는 그녀를 보며 요즘 같은 험한 세상에 착한 삶을 사는 그녀가 제발 어려운 일 없이 씩씩하게 살아가기를 마음속으로 빌었다.

목적지에 도착한 나는 미터기의 요금보다 많은 돈을 내밀며 "잔돈은 그냥 두세요." 했더니 "아휴, 너무 많이 남았는데요." 한다. 나는 그녀가 나의 작은 호의에 자존심을 상하지 않았으면 하는 바람을 했다. 그녀는 흰 장갑 낀 손을 차창 밖으로 흔들며 '부르릉' 앞으로 달려나갔다. 짧은 만남이었지만 그녀와의 대화 속에서 내 삶을 돌아보게 되었다. 멀어져 가는 택시를 바라보고 있자니 그녀의 삶에 내 모습이 오버랩 되면서, 항상 곁에 있으니 고맙다거나 귀한 줄 모르는 존재 가치를 되짚어 생각해보게 되고, 또한 나의 유형 무형의 빚 갚기는 언제쯤 끝날까도 생각해 본다. 나 역시 왜 사냐건…?

blooming 2008

우리 모두 구구팔팔

큰길로 나오자마자 저만치 정류장에 멈춰 선 버스가 눈에 들어왔다. 급한 마음에 버스를 향해 달려가는데 갑자기 오른쪽 무릎에서 '딱' 소리가 나면서 다리가 푹 꺾였다. 멀리 떠나버린 버스를 아쉬워하기보다는 아픈 다리에 대한 염려가 두려움이 되어 다리를 절룩거리며 급히 택시를 잡아타고 정형외과를 찾았다. 의사 선생님은 커다란 주사기로 무릎에서 핏물이 섞인 물을 빼내며 깁스를 하자고 했다.

관절염은 그렇게 날 찾아왔다. 버스에서 빈 노약자석을 보면 왠지 거북하고 미안한 기분으로 앉던 내가, 언제까지나 허리 꼿꼿이 세우고 높은 구두 신고 깡총거리며 다니면서 '늙어 가는 것'은 꿈에도 생각지 않았던 내가, 내 인생의 발걸음이 어느새 노인구역에 들어서고 있음을 감지하지 못했던 것이다.

내 주변의 한 지인은 고희를 맞아 출판한 산문집에서 나이가 들었다는 증거로 눈물이 많아지더라고 했다. 그러고 보니 나도 요즘 따라 눈물이 많아졌다. 코스모스 활짝 핀 넓은 벌판만 바라보아도 눈물이 맺혔고 높고 파란 하늘에 둥실 뜬 흰구름 자락에도 코끝이 찡해 오는 것도 그렇고. 게다가 노인병 1위인 관절염이 찾아와 걷기조차 불편한 현실은 영락없이 힘없고 소외된 노인네가 돼 버린 것 같아 가슴이 답답해지면서 내 주변을 돌아보게 되었다. 앞으로 해야 할 일이 얼마나 많은데.

딸애와 아들의 짝 찾는 게 가장 시급한 문제 같다. 딸애는 어릴 적부터 나와 남편에게 참 많은 기쁨을 주었다. 엉덩이가 통통하고 볼이 발그레한 얼굴로 항상 방실방실 웃으며 건강하게 잘 자랐고, 대학을 졸업하고 원하는 진로를 위해 또 다른 대학원에 진학할 때까지 단 한 번의 실패도 없이 자신의 길을 열심히 걷고 있는 내 딸. 그러나 요즘은 뚱뚱하고 이쁘지 않게 키웠다고 투덜대는 걸 보면 시집은 가고 싶은 모양이다. 사윗감은 믿음직스럽고 성실하고 능력도 있어, 딸애의 전공을 살린 작업이며 전시회, 그리고 정신 지체아를 위한 봉사도 이해하고 뒷받침 해주는 그런 사람이면 좋겠다. 딸애는 착하고 현명해서 시부모님 잘 섬기는 며느리, 남편에게 사랑 받는 아내가 되겠지. 평소의 딸애는 내게 친구도 되었고 따끔한 조언자도 되어주었으니까.

개구쟁이었던 아들은 가끔씩 내 가슴을 덜컥 내려앉게 했었다.

고교시절엔 학원 수업 빼먹고 당구치러 다니질 않나, 길에서 놀다 버스정류장 표지판에 손을 다쳐 수술을 받질 않나. 그래도 외할머니에겐 끔찍이 소중한 손자였고 아들도 외할머니를 무척 좋아했다. 지금도 외할머니께서 전화로 "우리 강아지 잘 있냐?" 하고 물으시면 "멍멍." 하고 대답한다. 가끔 찾아가 뵐 때는 할머니를 번쩍 안고 뱅글뱅글 돌기까지 하면 어지럽다 하면서도 웃으며 좋아하신다. 아들은 아직 대학생이지만 앞으로의 갈 길은 정해져 있으니 열심히 노력하여 그 분야에서 인정받고 주변의 어려운 이웃들에게도 베풀고 봉사하는 삶을 살았으면 좋겠다. 당연히 며느릿감은 그런 아들을 이해하고 따르며 지혜로운 애라면 더욱 좋겠고. 그런데 아들은 날씬하고 이쁜 여자애를 첫째로 꼽는 것 같아 걱정이다.

문득 내가 먼저 죽는다면 남편은 어떻게 살아갈까 하는 것에 생각이 미쳤다. 회사일 외엔 아무 것도 스스로 챙기지 못하는 남자. 어쨌건 홀로 남더라도 누군가 챙겨주고 기댈 수 있는 사람이 필요할 테니까 재혼을 해야겠지.

난 어느새 눈물 콧물 범벅이 되어 내가 없을 세상을 염려하고 있었던 것이다. '아직도 앞길이 구만리인데 내가 왜 이런 생각을 하고 있지? 예쁘고 듬직한 며느리, 사위 맞아들이고 귀여운 손자 손녀랑 알콩달콩 살날이 얼마나 많은데.' 하는 생각으로 바뀌면서 제정신으로 돌아왔다.

요즘 우스갯소리로 '구구팔팔'이라는 유행어가 있다. 얼마 전 친구들과의 모임에서 이런저런 이야기 중에 나왔던 말인데, "구십구 세까지 팔팔하게 살자."라나? 꿈 많은 소녀였던 우리가 이젠 흰머리 주름 투성이 얼굴로 상머리에 둘러앉아 옛 얘기로 웃음 터뜨리는 할머니 세대가 되었으니 현실을 거부할 도리는 없다. 그래. 어서 빨리 관절염에서 벗어나 '구구팔팔' 하자. 아직도 마음은 무언가를 향한 열정으로 가득 차 있으니까. 그리고 영원한 소녀이니까.

우리 모두 '구구팔팔'. 할머니 파이팅!

바리바리-magenta　2011

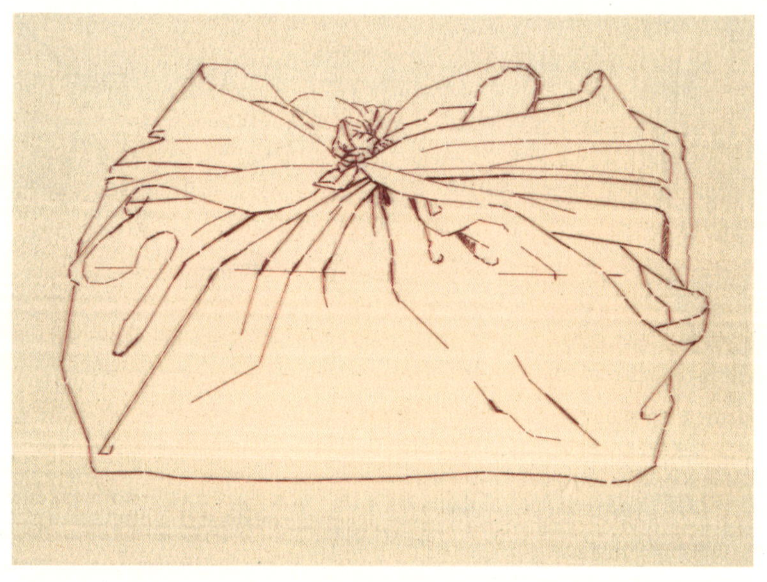

고백告白

나는 모태신앙母胎信仰으로 어릴 적부터 기독교 가정에서 자라났다. 유년시절, 청년시절을 지내오는 동안 별다른 저항 없이 종교적 규범이 내 의식을 차지했다. 그런 나로선 꽤 충격적인 고백을 하려고 한다.

1998년 봄, 아들애가 그해 대입에 실패하여 재수를 하게 되었고 때마침 시작된 IMF는 남편의 사업을 어렵게 만들었다. 별 탈 없이 잘 살아왔던 나로선 그 무렵이 내 인생에서 가장 답답하고 절망적인 시기라고 느껴져 어디에선가 한 가닥 희망의 줄기를 찾으려고 안간 힘을 썼다.

그러던 차에 우연히 친지로부터 과거도 미래도 정말 잘 알아맞춘다는 철학관 이야기를 듣고 순간 마음이 동했다. 난 나이 오십이 다되도록 종교적 영향도 있지만 역학易學이니 운명 철학이니 하는 것은 관심 밖의 세계였었다. 며칠을 고민하다가 가까운 후배와 상의를 했더니 그 후배는 심각하게 생각하지 말고 재미 삼아 한 번 가보자고 했다.

집에서 꽤 먼 곳에 위치한 그곳까지 운전을 하며 가는 동안 이런 경험이 처음인 나로선 가슴이 쿵쾅거렸고, 그냥 돌아갈까 하는 갈등에 싸이기도 하면서 결국 그 집이 있는 아파트 단지로 들어섰다. 동 호수를 확인하여 아파트 현관문을 열고 들어서니 거실엔 많은 사람들로 가득 차 있었다. 후배와 난 한쪽 구석에 자리 잡고 앉아 차례를 기다리며 주위의 얘기 소리에 귀를 기울였다. 어떤 아주머니는 이분이 너무 용해서 무슨 일을 시작하려거나 뭔가 막히면 수시로 찾아 와서 해결책을 듣고 간다고 했고, 허술한 차림의 아저씨는 하는 일마다 실패해서 본인에게 맞는 일이 무얼까 궁금하여 왔노라고 했다.

내 차례가 되어 안내된 방으로 들어갔다. 방 아랫목엔 작은 탁자가 있고 그 위엔 낡은 책들이 쌓여 있었다. 탁자를 끼고 이웃집 아저씨처럼 평범한 중년 신사가 안경 너머로 날 바라보았다. 난 온몸이 떨림을 느끼며 잔뜩 긴장한 채 그 앞에 앉아서 남편과 아들의 현재 상황을 얘기하고 생년월일을 알려 주었다. 그분은 깨끗한 백지 위에 알 수 없는 한문을 휘갈겨 쓰면서 설명하길, 남편은 사주가 좋아서 IMF로 인해 다른 사람은 고생을 할지언정 남편은 잘 넘길 거라면서 평생 먹고 살 걱정은 없을 거라고 했다. 물론 그럴 수 있는 건 내가 받쳐 주기 때문이라는 것도 덧붙였다.

아들의 운세는 내년엔 제일 좋은 대학에 문제없이 합격할 것이라고 걱정 말라며, 대신 부적을 준비해 둘 테니 내일 와서 찾아 가라고 했다.

짧은 시간, 기분 좋은 얘길 듣고 상기된 채 집으로 돌아 왔다. 마음이 편해지면서 가길 잘했다고 안도의 숨을 내쉬기까지 했다. 그분의 말대로라면 우리의 미래는 아무 걱정이 없이 모든 게 잘 될 테니까.

다음날 아침 일찍 약속대로 부적을 가지러 가는 동안은 어제와 같은 갈등은 씻은 듯 사라졌고 뭔가 알 수 없는 힘에 이끌리듯 그 곳을 다시 찾았다. 그리고 생전 처음 보는 부적을 두 장 받아서 집에 돌아왔다. 그 부적의 처리는 나를 다시 한 번 긴장하게 만들었다. 우리 집엔 당시 10년이 넘게 집안일을 봐주던 아주머니가 계셨는데 성경 말씀으로 사는 교회 권사님이었다. 그런 아주머니 몰래 부적을 처리해야 했기에 일을 마치고 퇴근하는 시간을 지루하게 기다렸다. 마침내 집에 나 혼자만 남게되자 그분의 얘기대로 한 장은 아들의 책상 위에서 접시를 받치고 불에 태워 남겨진 재를 화분 흙 속에 넣어 아들 방 입구에 놓아두었고, 다른 한 장은 아들의 베갯잇 속에 표시 안 나게 집어넣었다. 난 바쁘게 누가 올세라, 누가 볼세라 손을 놀려 실수 없이 마쳤다. 그날 이후에는 아주머니가 아들의 베갯잇을 갈기 전에 내가 미리 갈아 끼우며 신경을 썼다.

그러던 어느 날, 외출에서 돌아오니 아들의 베갯잇이 새로 갈아 끼워져 있는 게 아닌가. 난 깜짝 놀라서 아주머니가 퇴근하길 기다렸다가 베갯잇을 빼고 속을 확인해 봤더니 아뿔싸, 부적이 없어져 버렸다. 베개를 들어 털어보고 사방을 만져보고……. 그때의 허탈함이란 말로 표현할 수 없었다. 그렇다고 권사님인 아주머니에게 부적을 어떻게 했느냐고 확인할 수도 없었다. 순간 난 피식 웃음이 나오며 내 삶의 방식은 이게 아니다 싶은 생각이 마음에 와 나를 붙잡았다. 나는 즉시 마음속에서 늘 꺼림칙했던, 아들 방 앞에 놓아두었던 화분을 베란다로 옮겼다. 얼굴이 화끈거리며 마음속에 점하나 찍힌 듯 부끄러움을 남긴 채.

그럭저럭 시간은 흘러 남편의 사업은 계속 어려움에 빠져들어 오래도록 고생을 해야 했고, 아들은 3년이 지나서야 어디든 갈 수 있는 성적이 되어 원하는 대학, 원하는 학과에 들어갔다.

돌아보면 인생의 묘미는 부딪히는 운명을 개척하는데 있을 텐데, 누군가 쥐어 준 미래의 틀에 나를 맞추려 애썼던 어리석음을 뒤늦게야 깨달았다. 내 인생의 여정이 어느만큼 남아 있을지 모르지만 남은 삶의 멋진 완성을 위해서는 나의 맑은 이성으로 판단하고 당당하게, 자신있게 살아야겠다고 다짐해 본다.

노란 선인장　2015

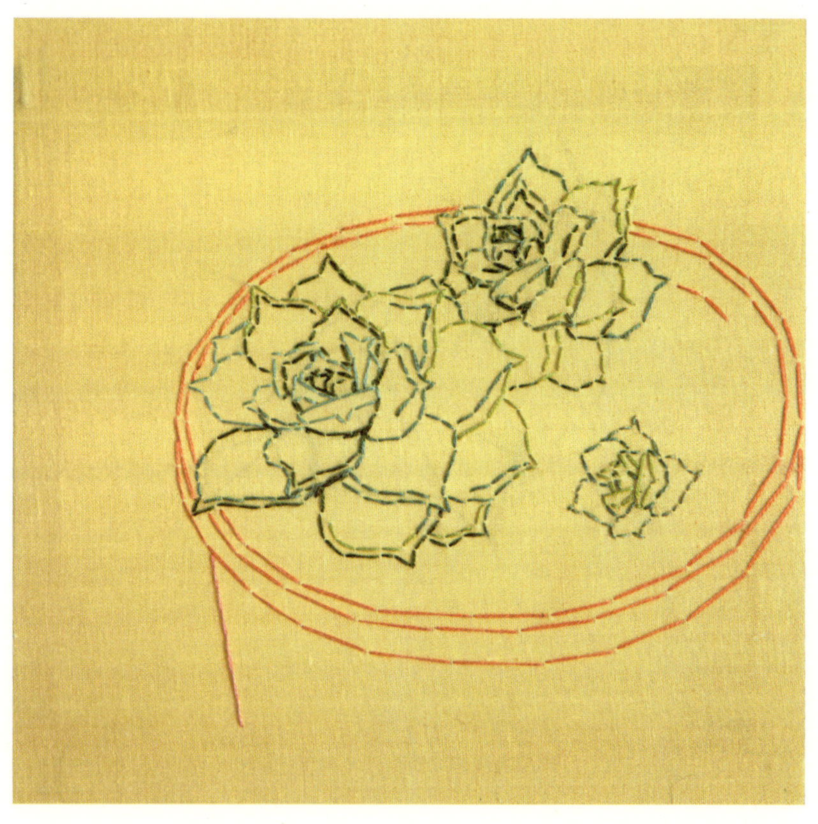

딸의 남자친구

"엄마, 오늘 저녁 식탁에 수저 한 벌 더 놓을 수 있어요? 남자친구 데려 가려고요." 모처럼 온 식구가 저녁식사를 하게 되어 평소와는 달리 이것저것 신경을 써서 반찬을 준비하던 토요일, 콧노래를 부르며 딸애의 전화를 받아든 난 깜짝 놀라 말을 잇지 못하고 남편에게 수화기를 건네주었다. 남편도 순간 놀라는 듯하더니 딸을 나무라는 것 같았다. 갑작스런 방문은 예의에 어긋난 행동이니, 다음 기회에 보자고 하며 굳은 얼굴로 전화를 끊었다.

딸애는 나이 서른이 되도록 결혼은 안중에도 없이 주어진 자기 일에 빠져 늘 바쁜 시간을 보냈다. 그래서 나는 나이 찬 딸이 걱정되어 주위 분들께 기회만 되면 좋은 신랑감 좀 소개하시라고 졸라 댔다. 요즘 TV에서 흔히 보는 날씬하고 조그만 얼굴에 이목구

비가 뚜렷한 정형적인 미인 형과는 달리 동그스름한 얼굴에 쌍까풀도 없고 통통한 편인 딸은, 총각들보다는 어머니, 할머니들에게 인기가 있었다. 그래도 여기저기 중매가 들어오고, 몇 번의 소개팅 후에 좋은 조건의 신랑감들이 결혼하기를 원했지만 딸의 반응은 신통치 않았다. 인상이 안 좋다, 나이가 너무 많다, 대화가 통하지 않는다는 둥 핑계를 대며 거절을 했다. 올해 지나면 독립하여 혼자 살든지, 아니면 신랑감을 직접 데려 오든지 하라고 나는 딸에게 압박을 가했었다. 그런데 그날 저녁 느닷없이 남자친구를 데리고 온다는 것이었다.

집에 들어온 딸애는 남자친구에 대한 얘기를 털어놓았다. 대학 일학년 때 동아리 모임에서 만나 친하게 지내다가 각자 생활에 바빠지면서 소식이 뜸해졌는데, 지난해 여름 딸애의 개인전에 나타났단다. 그때부터 둘이는 자주 만나 차도 마시고, 음악회도 가고, 늦은 밤이면 딸애를 집까지 바래다주며 많은 얘길 나누었었나 보다. 둘은 거의 결혼을 결심한 듯했다.

난 돌아앉아 반대를 했다. 그 친구는 외국에 나가서 박사과정까지 마치려면 아직도 많은 시간이 필요한데 왜 사서 고생을 하려 하느냐며. 그렇지만 딸애는, 능력 있고, 똑똑하고, 무엇보다 딸애를 자신의 목숨보다 더 사랑한다 했다며 결혼을 하겠다고 했다. 남편도, 본인이 후회하지 않는 삶을 살 자신이 있다면 무조건 반대만 할 일은 아니라면서 남자친구를 데려오라고 허락했다. 나는 딸애에게 쌀쌀맞게 한 번 보기나 하자고 했다.

며칠 후. 딸애는 남자친구를 데리고 집에 왔다. 내가 오히려 눈길을 어디에 맞추어야 할지 모를 정도로 긴장하면서도 찬찬히 살펴보니 큰 키에 비쩍 마른 몸매, 긴 목 위로 얼굴은 주먹만 한데 눈매만 날카로움에 조금 실망을 했다. 남편은 앞으로의 진로를 놓고 어떻게 계획하고 실행할지를 타진하고 있었다. 그 친구의 작은 떨림이 감지되었지만 그런대로 또박또박 열심히 답변을 하느라 애쓰고 있었다. 그날 저녁 남편은 성격도, 꿈도, 실력도 야무지다며 나를 도리어 설득하려 했다.

그날 밤. 아들에게 전화를 했다. 너무 마른 체구에 아직 확실치 않은 직장이 걱정이라면서 "나는 다음 세상에서 결혼하게 되면 우리 아들처럼 듬직하고 잘생긴 사람이랑 결혼할래." 했더니 "엄마. 저는 엄마랑은 다음에도 모자관계로 충분해요." 한다. 나는 아들의 말에 소리 내어 웃었지만 딸애를 생각하면 자꾸만 눈에 눈물이 고였다. 생각다 못해 딸애에게 메일을 보냈다.

사랑하는 내 딸 지현아!

오늘은 유월 초하루. 너를 낳던 해는 유난히 더웠단다. 출산 예정일이 보름이 지난 후에 입원을 해서 거꾸로 자리 잡은 널 정상 분만하기까지 사회적 지위나 체면 가릴 것 없이 마구 소리를 질러대어 목이 잠기고, 손바닥에 못이 박히고, 하늘이 샛노래지며 별이 보이니까 내 귓전에 너의 울음소리가 들리더라.

귀여움을 독차지하며 예쁜 짓만 하던 너는 자라면서 우리에게 무한한 기쁨을 주었단다. 착하고 예쁜 내 딸. 현명하고 믿음직스런 내 딸. 나무랄 데 없고 영리한 내 딸. 내가 힘들거나, 우울할 때면 기댈 수 있었던 내 딸. 우리 집안의 자랑이었던 내 딸. 이런 내 딸이 사랑하는 사람이 생겼나보다. 흐뭇하고 기쁘기에 앞서 왜 이리 걱정과 아쉬움이 마음에 가득 차는지.

지현아!

너의 판단과 생각을 존중해야겠다고 마음먹으면서도 자꾸만 마음이 아려온다. 인생은 잘못되면 지우고 다시 쓸 수 있는 소설이 아니란다. 네 눈에 씌워진 콩깍지를 벗고 냉정하게 앞으로의 인생을 설계해 보아라. 그러고도 변함이 없으면 너의 선택을 따를 수밖에 없겠지.

자식은 부모의 소유물이 아니라는 것을 잘 알고 있다. 그렇지만 너는 내 딸이니까 너의 행복에 깊은 관심을 가질 수밖에 없지 않니? 훗날 너의 자식을 기르다 보면 내 심정을 알게 될 거야. 물론 그 친구가 성실하고 능력 있는 청년이라는 것을 잘 안다. 그러나 나의 분신인 네가, 가장 행복하기를 바라는 엄마로서 주저되는 게 있어서란다. 기쁜 맘으로 승낙하지 못해 네 마음을 아프게 하는 것 같아 내 가슴 한복판에선 차가운 바람이 분다.

사랑하는 내 딸 지현아!

엄마가.

딸이 답장을 보내 왔다. 자신이 어떠한 경우에도 믿고 기댈 수 있는 사람이라고. 예쁘고 행복하게 사는 모습 지켜봐 달라고. 부모님께서 넘치도록 주신 사랑을 바탕으로 열심히 살겠노라고.

퍼뜩 내 머리에 떠오르는 삼십여 년 전의 나의 모습이 떠올랐다. 그것은 영락없이, 결혼을 앞두고 반대하던 집안 식구들에게 후회하지 않겠노라며 허락해 줄 것을 졸랐던 내가 거기 있었다. 왜소했던 남편의 겉모습에 온 식구가 반대했으나 남편의 성실함과 나를 향한 사랑을 내걸고 결혼을 고집했었던 젊은 날의 나.

나는 그 친구 앞에서 행복해 하는 딸을 보며 승낙하기로 했다. 그래. 서로 사랑하며, 이해하며 자신의 목표를 향해 열심히 정진하는 모습을 기대해 보자. 딸애를 자신의 목숨보다 더 사랑한다니 이제 내게도 소중한 사위가 되어야 하나 보다. 생각하면 내 딸이 귀한 만큼 본인 집에서는 소중하고 귀한 아들인 것을 잠시나마 홀대를 했으니 후환(?)이 두렵다.

마음을 결정하고 그 친구를 포함한 온 식구가 임진강변으로 장어를 먹으러 갔던 어느 저녁나절. 그 친구는 자기가 먹던 젓가락을 입에 물고 닦더니 상추 위에 장어랑 생강, 된장을 얹어 손으로 상추를 요리조리 조물거리며 싸가지고 웃으면서 나를 바라본다. 필경 나를 주려는 것 같은데 저걸 받아 먹어야 할지, 먼 산을 보며 딴전을 피워야 할지 한참 동안 망설였다.

beloved 2012

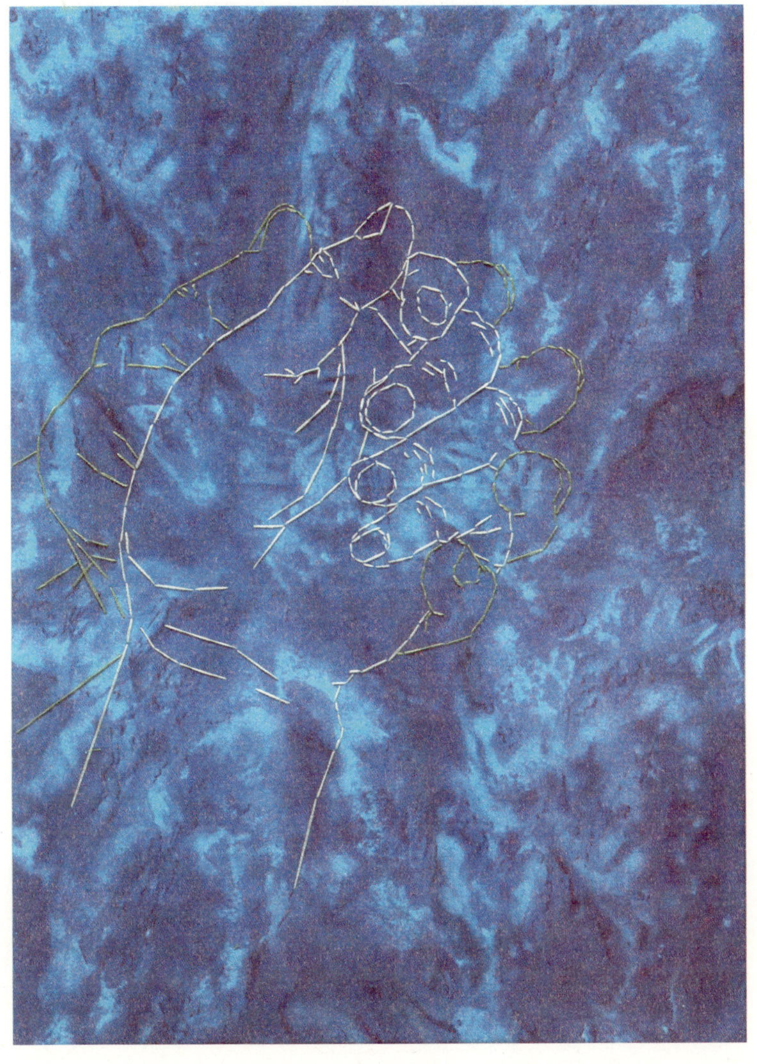

내 사위에게

이젠 자네가 내 사위가 되는 거지? 이틀 후면 지현일 자네에게 맡기게 되는군. 자네와의 첫 만남이 떠오르며 기쁨과 서운함이 교차됨을 숨길 수 없네.

시간이 어쩌면 이렇게 빠르게 흘러갔을까? 30년이 지났는데도 우린 통통거리며 웃음을 뿌리고 뛰어다니던 지현이 모습이 바로 손에 잡힐 듯 또렷한데, 사랑하는 사람이 생겼다고, 기댈 사람이 생겼다고, 이젠 결혼하겠다며 정색하면서 말하는 모습이 오히려 당황스러워 어찌할 바를 몰랐지. 사실은 서른이 넘기 전 결혼을 하라고 닦달했으면서도 정작 결혼을 하겠다고 공표하니까 뭔가 아쉬운 마음이 커서 성큼 대답이 나오지 않더군. 그냥 내 딸인 채로 영원히 같이 살고 싶기도 했고.

자네를 보고 나서 쉽게 승낙하지 못했던 것은 딸 가진 부모 마음이 되면 그럴 수밖에 없다는 것을 이해하여 주게나. 결혼 준비를 위해 같이 시간을 보내면서 자네의 착하고 바른 품성도 보게 되었고, 야심 찬 미래도 간파했다네. 둘이서 토라졌다, 풀렸다 하며 콩닥거리는 모습도 예뻤고, 서로 머리 조아리며 사랑스런 눈길을 주고받는 것도 부러운 모습으로 보였다네.

지현이가 자네의 프러포즈를 받던 날. 장미 꽃다발을 들고 얼굴이 상기되어 내게 다가와 종달새처럼 종알댔지.

자네의 하숙집 근처인 S대 교정으로 산보나 하자고 해서 발걸음을 옮기는데 정문 앞 카페에서 확성기를 틀어 놓은 것처럼 크게 울려 퍼지는 음악이 바흐의 〈무반주 첼로 조곡〉임을 알고 지현인 깜짝 놀랐다네. 그 곡은 지현이가 제일 좋아하는 곡이었다지? 그때서야 심상치 않은 분위기를 느끼며 뒤따라오던 자네에게 돌아서자 꽃다발을 든 자네는 지현일 향해 떨리는 음성으로 주위에 아랑곳하지 않고 유재하의 〈사랑하기 때문에〉를 큰 소리로 부른 후 커플링을 꺼내어 청혼을 했다면서? 자네의 진지함과 순수함에 끌려 지현인 쾌히 승낙했다더군. 저물녘 어스름한 교정에서 좋아하는 음악과 꽃과 커플링을 눈앞에 두고 어느 여자가 마음이 움직이지 않겠는가. 내 나이가 되어 그런 상황이 재현된다 해도 가슴이 뛸 판인데. 자네가 내게 미리 보냈던 장미꽃 백 송이가 다 계획적이었구나 싶은 생각이 뒤늦게 들면서 한 번 브레이크를 걸어 볼까 하다가 그냥 봐주기로 했지.

내 딸 지현이. 참 오랫동안 우리에게 기쁨을 안겨주었고, 딸이지만 기둥처럼 의지하며, 집안일도 의논했지. 때론 영화감상이며, 전시회도 같이 다니며 친구처럼 지냈는데 그런 내 딸이 언제부턴가 자네만 바라보려 하네. 자네의 삶에 파고드는 지현이가 훌륭한 동반자가 되어 자네에게 꼭 필요한 사람, 그리고 귀한 존재가 되어 늘 사랑받고 살았으면 해. 이젠 저녁이면 "일찍 들어오너라", "오늘은 뭐했니?" 늦은 시간 습관처럼 휴대폰으로 위치를 확인하는 등 참견했던 일이 없어지는군. 가끔은 귀찮던 일상이 오히려 그리워질 거야. 이제부터는 두 사람이 하나 되어 슬기롭게 서로 믿고 이해하며 늘 행복하기를 바랄게.

살다 보면 힘들 때도 있고 서로 의견이 맞지 않을 때도 있다네. 삼십 년 각자 길들여진 습성을 맞추기까진 꽤 많은 시간과 이해심이 필요할거야. 어떤 상황에서도 서로 꼭 지켜야 할 것은 상대방의 자존심을 건드리지 않는 것이라고 생각해. '사랑하는 마음은 존재에 대한 나와의 약속이며 끊어지지 않는 믿음의 날실에 이해라는 구슬을 꿰어 놓은 염주처럼 바라 봐 주고 마음을 쏟아야 하는 관심'이라고 원성스님께서 말씀하셨다네. 지금 마음 가득 안고 있는 그 사랑 변치 말고 오래도록 간직하고 살았으면 해. 우린 그렇게 살았냐구? 글쎄. 우리 나이가 되면 자연히 알게 될 걸세.

오늘이 있기까지 보살펴 주신 양가 부모님이나 기대 속에 바라보는 주위 친지들에게 두 사람은 행복한 모습 보여주며 두고두고 보답

해야 할 거야. 한 가지 더 중요한 것은 하루 빨리 자네의 꿈과 실력과 야망을 바탕으로 가까운 이들에게 흐뭇함을 안겨 주고 더 나아가서는 이 사회에 꼭 필요한 인물이 되길 바라네.

훌륭한 부모님 슬하에서 잘 자라, 내 딸 지현이의 반쪽이 되고 우리 집안의 아들이 되어 주어 기쁨이 두 배라네.

드디어 장모가 되는 신정호.

무지개 남매 2012

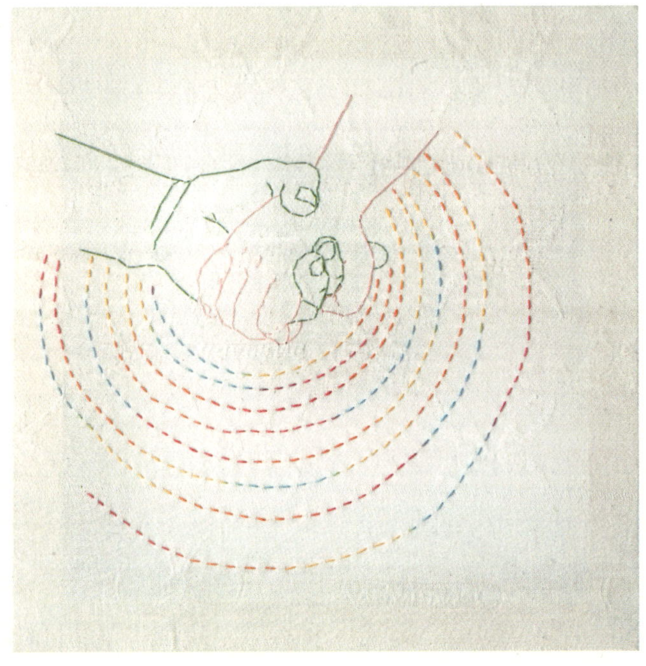

카페 아저씨

내가 그 카페를 들어선 때는 한낮의 더위가 꼭지에 달하던 시각. S 대학 정문 맞은편에 즐비한 상가들 틈에 끼어 간판을 찾기가 어려웠는데 마침 젊은이 예닐곱 명이 일회용 컵을 손에 든 채 나오고 있어서 금방 찾을 수 있었다.

카페 문을 밀고 들어선 순간 멈칫했다. 문을 열자마자 코앞에 놓인 작은 탁자와 의자가 발걸음을 멈추게 했다. 여느 카페처럼 감미로운 음악과 꽃과 안락한 소파를 기대했던 나로선 우선 실망이 앞섰다. 좁은 공간을 최대한 활용하여 조그만 탁자 네 개, 벽에 붙인 다인용 긴 나무 의자와 맞은편에 덩치 큰 사람이 앉기엔 모자라는 크기의 의자 몇 개, 벽엔 흑백사진이 나름대로 주제별로 걸려 있었다. 그리고 거기에 미남은 아니지만 수더분하게 생긴 주인아저씨가 검은 앞치마를 두르고 카운터 겸 조리대 앞에서 부지런한 손놀림을 하고 있었다. 손님은 나 혼자였다. 가운데 탁자에 앉아 주위를 빙 둘러보니 바로 앞 오디오에선 곡목을 알 수 없는 클래식이 흘러나오고 주변에 CD, 레코드판 등이 진열돼 있었다.

내가 자리 잡고 앉자 주인아저씨는 빙긋 웃으며 코팅된 길다란 메뉴판을 건네주었다. 나는 찬찬히 메뉴판을 보며 수많은 커피의 종류와 갖가지 음료수의 명칭을 보고 놀랐다. 나는 커피를 좋아하지만 카페인 알레르기가 있어 일반 음료수를 시키려고 메뉴를 고르는데 '장미주스'가 눈에 띄었다.

"아저씨. 장미주스는 어떤 거죠?"

"그건 불가리아 식용장미인 다마카스를 농축시킨 액에 물을 희석한 건데 입 안에 머금고 2~3초 지난 후 목으로 넘기면 장미향이 온몸으로 확 퍼지는 느낌이 들어요. 특히 정신적으로 안정이 되면서 마음이 편안해져요."

낯익은 사람 대하듯 웃음 띤 얼굴로 설명을 해준다. 나는 이곳에 오기 전 주인 아저씨가 매우 인간적이고 묘한 매력이 있다는 사전지식이 있었다. 가령 시험기간이면 교수님들은 무조건 공짜, 학생들은 메뉴를 몇 가지 정해서 50% 깎아 주고 4 · 19 의거 기념일이면 천 원씩 깎아 준다든지, 단골에겐 샌드위치도 새롭게 만들어 시식해 보라고 그냥 주기도 한단다. 거의 연중무휴로 카페를 열지만 언젠가는 "12년 만에 아내와 애들을 데리고 3박 4일 동안 여행을 떠납니다."라는 쪽지를 붙여 놓고 며칠 동안 닫은 적이 있었는데, 단골손님들은 커피를 못 마셔 아쉽지만 아저씨로 보아선 잘한 일이라며 즐거운 맘으로 기다렸다 한다.

주문한 장미주스를 만들고 있는 아저씨에게 이것저것 물으며 말을 붙였다. 커피를 좋아하느냐는 나의 물음에 매일 커피 내음 속에 산다는 건 행복이라고. 그래서 늘 커피 원두를 갈며 새로운 메뉴를 개발해 본다고 했다. 카페아저씨는 열심히 이것저것 묻지도 않은 얘기까지 커피에 관한 자신의 의견을 피력했다. 짧은 시간의 대화였지만 카페아저씨의 커피에 대한 열정, 꾸준히 연구하고 개발하는 자세는 어느 유명한 학자의 자세 못지않음을 느꼈다. 드디어 장미주스를 들고 나왔다. 브랜디 잔에 얼음을 동동 띄운 핑크빛 액체에선 정말 장미향이 풍겨 나왔다. 한 모금을 입 안에 머금고 한참 있다가 장미향을 음미한 후 목으로 넘겼다. 그의 말대로 온 몸으로 장미향이 퍼지는 느낌은 아니었지만 기분은 좋았다. 한편 내가 마신 한 잔의 주스엔 장미꽃 스무 송이 정도를 농축 시켰다는데 그 예쁜 장미를 단 몇 모금에 마셨으니 어쩌면 내 몸속에 장미 가시가 돋아날지도 모르겠다.

나는 좀 더 오래 앉아 있고 싶어서 비엔나커피를 한 잔 더 주문했다.

"아저씨. 비엔나커피와 카푸치노는 어떻게 달라요?"

"치노는 원래 이태리어로 '거품'이라는 뜻인데 에스프레소 커피 절반에 우유를 거품 내어 절반을 채운 뒤 시나몬을 조금 뿌리는 거고, 비엔나커피는 커피에 생크림을 휘핑하여 얹고 시나몬을 뿌려요. 근데 비엔나엔 비엔나커피가 없대요." 하며 웃는다.

"그럼 마실 때 스푼으로 휘저어서 먹어요? 아님 거품부터 마시고 아래쪽 커피를 마셔요?"

"애써 만들어 놓은 거품을 휘저을 건 뭐예요? 정답은 없지만 위의 거품부터 마시는 게 괜찮을 것 같아요."

이런 대화를 나누는 사이에 젊은이들이 들어와 주문을 하고 다 마시면 빈 잔을 직접 카운터에 옮겨 놓아주며 아저씨의 일손을 도와주었다. 손님과 주인의 관계를 떠나서 이웃처럼, 조카와 삼촌처럼 스스럼없이 지내는 것 같아 보기 좋았다. 안방에서 친구들과 정담을 나누는 것처럼 편안함 때문인지 마냥 더 앉아 기웃거리고 싶었지만 따갑던 햇살이 누그러지는 듯하여 집에 가 봐야겠다고 일어나서 계산을 했더니 비엔나커피는 서비스로 드렸다며 돈을 되돌려 준다. 난 그때까지 참느라 입이 간질거렸던 말을 꺼냈다. 여기 자주 들렀던 P를 아느냐고. 그랬더니 깜짝 놀라며 "네. 얼마 전 결혼했죠. 어머니세요?"라고 묻기에 난, 장모라고 밝혔다. 카페아저씨는 환하게 웃으며 사위와 딸애에 대해서 칭찬을 했다. 요즘 보기 드문 바른 사람들이라고. 오랜 시간 카페아저씨의 시간을 뺏는 것 같아 후일 친구들과 다시 오겠노라며 카페를 나왔다.

카페를 다녀온 후 이따금 엄마와 아가 손이 마주치는 흑백사진이 떠오른다. 좁은 공간이었지만 아늑하고 따사로운 인정이 넘치는 카페의 훈훈한 온기와 핑크빛 장미향이 나를 휩싸곤 했다. 더욱이 딸애의 혼사를 치르고 나서인지 요즘처럼 마음이 허허롭고 누군가가 그리워질 땐 카페에 들러 주인아저씨의 수더분한 수다와 함께 진한 장미주스의 향기에 취해야 할까 보다. 장미가시가 내 몸 여기저기로 튀어 나온다 할지라도.

coffee break 2008

3부

어화둥둥 내 사랑아 1

꽃 같은 나이

내 남편은요

워낭소리를 따라서

여행길에 나를 만나다

어화둥둥 내 사랑아 2

여행작가 송아저씨

어화둥둥 내 사랑아 1

그대가 환한 웃음 지으며
내게로 오던 날
이 순간만큼은 아이처럼
팔짝팔짝 뛰고 싶습니다.

… 중략…

설렘 타듯 스며드는 가슴을
은빛 주전자에 담아
고운 언어를 끓여서
사랑이 찰랑거리는 찻잔에
행복한 마음으로 드립니다.

– 김승희님의 〈사랑하고 사랑받는 행복〉에서.

새해 아침, 내가 존경하는 김 교수님께서 이렇게 아름다운 사랑의 시를 인터넷 카페에 올리셨습니다. 어떻게 내가 요즘 이런 사랑에 빠졌는지 아셨을까요. 그렇습니다. '사랑이 찰랑거리는 찻잔'에 내 행복을 담았거든요.

일 년 전 어느 겨울 날. 홀연히 그가 내 앞에 나타났습니다. 반짝거리는 두 눈동자가 너무 맑아 그 속에 빠져버리고 말았지요. 그가 은근한 눈빛으로 바라보며 웃음 지으면 나는 온몸이 녹아든답니다. 그의 몸짓, 그의 표정, 그의 체취에 흠뻑 젖어 내 시간을 송두리째 빼앗기게 되었습니다. 이런 사랑은 내 생애 처음인가 봐요. 그를 만나는 순간이면 그는 조용히 미소 지으며 무척 기다렸다는 듯이 나를 꼬옥 안아 줍니다. 나를 이처럼 온몸으로 좋아하는 이가 세상에 또 있을까요. 헤어져 돌아오려 하면 애틋한 눈빛으로 내 발 길을 붙잡는 그는 영락없이 응석받이입니다. 시간이 흐를수록 그를 만나면 오래도록 같이 있고 싶어 여행을 계획했습니다. 지난봄 일본 아키타 온천으로의 여행은 꿀맛이었습니다. 모처럼 이국에서 오붓이 보내는 그와의 시간은 새로운 풍경과 기이한 음식을 맛보는 꿈같은 사흘이었죠. 깊은 산속, 넓은 들판에 하얗게 피어 있는 시계꽃을 따서 그의 팔목에 예물인 양 매주었더니 그는 내 머리 위에 하얀 꽃을 뿌려주고 싶어 했습니다. 얼마나 로맨틱한 사람인지! 한 번 맛들인 여행인지라 여름휴가 때는 해운대에서 지냈습니다. 우릴 아는 사람이 아무도 없는 바닷가 모래사장을 자유로이 거닐기도 하고, 아쿠아리움에서 신비한 빛깔을 뽐내며 유연한 몸매로 헤엄치는 물고기들을 보며 깊은 유리벽을 통해 우리만의 눈짓을 교환하고, 살아있는 빨간 불가사리를 손으로 만져보며 즐거운 시간을 보냈습니다. 그와 함께하는 시간은 왜 그리 빨리 가는지 모르겠어요.

그런데 요즘 그가 이상합니다. 나는 점점 그에게 빠져들어 가는데 그는 나에게 머물던 눈빛을 다른 사람에게로도 돌리더라구요. 나는 그의 환심을 사기 위해 빨강 옷도 입어보고 평소에 그가 좋아하며 만지작거렸던 액세서리를 해 보았지만 본체만체했습니다. 예쁘고 젊은 아가씨를 보면 나를 처음 만났을 때처럼 수줍게 웃으며 그윽한 눈빛으로 바라보는데, 질투가 나서 견딜 수 없습니다. 그는 오로지 '나만의 그'여야만 하는데 말입니다. 때론 몸이 고달프고 짜증이 날 때도 있습니다. 나의 규칙적인 생활에 그의 일상이 플러스 되었으니까요. 갑자기 그가 몸이 아파 병원에 가야하거나 먼 길을 드라이브하고 싶어 할 때면 나의 스케줄은 자동으로 취소 돼버리고 말아, 언젠가 유명가수의 콘서트 티켓이 있는데도 못 가버렸죠. 그래도 그와 함께하는 시간이 더 소중해서 아무 미련이 없더라구요. 그런데 그가 나에게서 눈길을 돌리다니 말이 되나요? 궁여지책으로 그와 함께 제주도로 여행을 또 가려고 합니다. 나와의 만남을 아름답고 소중한 기억으로 남기고 싶어서요. 다 늙어 가면서 주책이라구요? 누구라도 이런 상황이 되면 어쩔 수 없을걸요.

어쩌면……, 그래요. 우리 인연은 나의 영원한 짝사랑으로 끝날지도 모르겠지요. 나는 오늘도 그가 너무 보고 싶어 전화를 걸었습니다. 오늘은 그의 목소리를 들을 수 있기를 기대하며.

"여보세요."

"아바바바."

아휴, 언제쯤에나 "예쁜 함미." 하는 음성을 들을 수 있을까요.

낮잠 2008

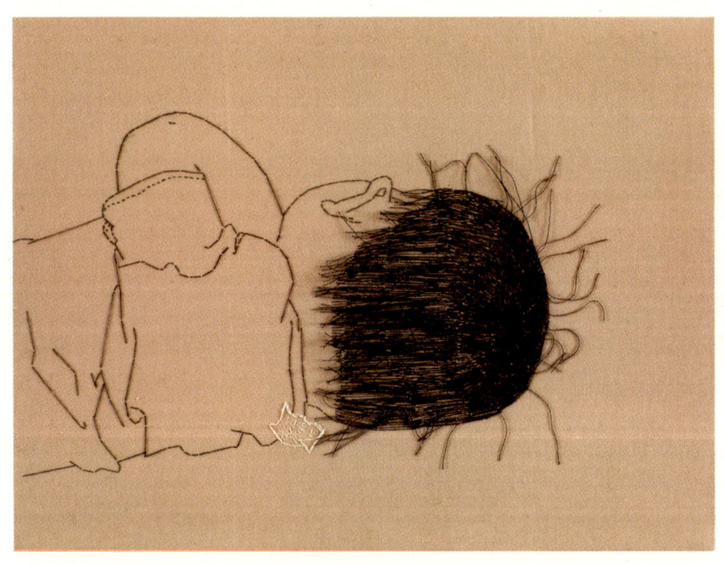

꽃 같은 나이

"네 나이가 몇이냐?"

"쉰아홉이요."

"꽃 같은 나이로구나."

"내 나이가 꽃 같은 나이라구요?"

어느 날. 어머니를 모시고 교회에 다녀오는데 아흔다섯 살이신 어머니는 육십을 바라보는 나에게 꽃 같은 나이라며 부러워하시는 걸 보고 나는 어이가 없어 웃었다.

내 나이 쉰아홉. 정말로 꽃 같았던 시절은 언제였을까. 어린 시절, 삼남매의 막내였던 나는 언니와 오빠가 열 살 이상의 나이 차가 있어서 다른 집처럼 허물없이 뒤엉켜 장난도 치고 싸우기도 하는 자매나 남매 사이는 아니었다. 오히려 삼촌이나 이모 같은 분위기였다고나 할까. 그래서인지 나는 친구들을 좋아해서 친구들과 보내는 시간이 많았다. 초등학교 삼학년 때 다섯 명의 단짝 친구를 만들어 각자의 생일이면 모여서 작은 생일파티를 했다. 우리는 생일인 친구에게 책 한 권을 선물로 주었고 생일을 맞은 친구는 과자나 빵을 준비했었다. 맨 처음 내가 생일선물로 받은 책은《소공녀》였다. 주인공인 세라 크루가 부잣집 딸이어서 공주 대접을 받다가, 아버지가 다이아몬드 광산을 찾는 사업이 실패하고 돌아가셨다는 소식이 전해지자 지붕 밑 방으로 쫓겨나 하녀 노릇을 할 때는 같이 슬퍼했는데, 나중에 아버지 친구가 세라 아버지 몫의 재산을 가지고 나타났을 때의 후련함이란…. 어린 시절 세라의 반전되는 삶을 보며 울고 웃었었다. 그리고《소공자》,《알프스의 소녀》,《목장의 소녀》 등을 읽으며 소설 속의 주인공이 되어 보기도 했었다.

고등학교, 대학교를 거치면서 여느 여학생들처럼 적당한 센티멘털리즘에 빠져 혼자 여행도 다니고, 사회단체에서 봉사활동도 했다. 연극도 하고 싶어서 휘황한 스포트라이트를 받으며 금발머리에 빨간 드레스를 입고 무대에 섰다. 가난한 집안 형편 때문에 아르빠공 영감에게 시집가지 않으면 안 되는 상황에서 그의 아들인 끌레앙뜨와 사랑에 빠져 갈등하는 몰리에르의 〈수전노〉에서 마리안느 역으로. 마지막 공연이 끝난 후, 텅 빈 객석과 조명이 꺼져버린 무대를 보며 형용할 수 없이 허허로웠던 마음이 바로 엊그제였던 양 다가와 선다.

대학 졸업 후, 시골 고등학교에서 교편을 잡다가 결혼하여 애들을 낳고, 키우고, 딸도 결혼 시키고 나는 어느새 흰머리의 할머니가 되었다. 이젠 낯선 사람이 '아줌마'보다는 '할머니'라고 부르는 횟수가 더 많아진 걸로 보더라도 분명히 할머니다.

내 젊은 시절 꿈꾸어 왔던 삶이 이제 새로운 부러움으로 자리를 옮겨 잡는다. 내 나이 또래의 성공한 커리어우먼이 부럽고, 몸도 마음도 여유로운 마나님들이 부럽고, 제대로 멋진 연애 한 번 못해 본 나이기에 늘 연애하듯 소곤대며 사는 딸 내외가 부럽고, 아직 때 묻지 않고 천진난만한 다섯 살 손자와 두 살 손녀가 부럽고, 꽃이 예쁘게 피었다고, 비가 내린다고, 하얀 눈이 흩날린다고 가슴이 뛴다는 친구가 부럽고, 은발의 부부가 다정하게 팔짱끼고 걷는 모습이 부럽다. 아흔다섯 살의 연세에 핑크빛 모자와 핑크색 투피스를 입어 멋을 부리고, 손자들에게 유머와 재치로 인기가 많으신 어머니가 또한 부럽다.

그런데 어머니는 예순이 가까워오는 나의 젊음(?)이 부럽단다. 하긴 육십 년 세월을 소회所懷하는데 단 몇 시간도 걸리지 않는 걸 보면 아직도 많은 세월을 더 살아도 되나 보다. 내가 어머니 나이가 되었을 때 나는 내 딸을 부러워하고 내 딸은 할머니처럼 몸도 마음도 멋지게 늙어가는 나를 부러워할까?

거울 앞에 섰다. 흰머리, 탄력을 잃은 피부, 두세 겹의 쌍꺼풀로 덮인 눈. 그 위로 꽃 한 송이가 겹쳐지며 꽃 속의 얼굴이 빛난다. 아! 나는 이제부터 꽃 같은 나이가 시작 되는 것이다. 새로운 내 꿈을 펼쳐 나갈 수 있는 시간이 나를 손짓한다.

봄바람 2006

내 남편은요

"내 마누라는요, 나보다 키도 크고, 손도, 발도 크고, 마음도 크답니다." 이렇게 남편은 어느 모임에서 저를 소개했습니다. 그렇습니다. 내 남편은요, 키가 나보다 작습니다. 손도, 발도, 얼굴도 모두 나보다 작아서 일상용품을 살 때면 내 것보다 남편 것을 더 작은 사이즈로 구입한답니다.

결혼 전, 나는 여자로선 큰 체구였기에 신랑감으로 나보다 더 크고 늠름한 남자를 상상하곤 했습니다. 그런데 지금의 내 손윗동서가 중매를 하셔서 남편을 처음 만나게 되었는데 크다는 느낌은 안 들었지만 그리 작아 보이지도 않았고 제법 잘생겨 보이기까지 했답니다. 바로 콩깍지가 씐 거지요. 요즘 제 남편을 누군가 보고 내 말을 기억한다면 뒤돌아서서 웃을 겁니다.

그렇게 시작된 남편과의 결혼생활은 올해로 삼십 년째인데 어찌 그리 흉볼 게 많은지 몰라요. 양복을 바꿔 입거나 매일 아침 와이셔츠를 갈아입을 때 어쩌다가 넥타이를 한번 골라주면 몇 날 며칠이고 아무리 양복 색깔이나 와이셔츠 색깔이 달라져도 그 넥타이만 맨답니다. 내가 제발 옷에 맞추어 넥타이 좀 바꿔 매라고 성화를 해도 '괜찮다.'며 그냥 출근해버립니다. 나도 본인이 골라 맬 때까지 짐짓 모른 척하지요.

건설회사에 다니는 남편은 건설 현장을 매일 둘러보는데 겨울엔 현장에서 피우는 난로 주변에 뒤돌아 서 있다가 한 철이면 두어 벌씩 코트자락이며 바지 태우는 일이 다반사랍니다. 나는 그럴 때면 쫑알대죠. "원, 저리 타 들어가면 뜨거운 걸 느낄 텐데 감각도 어찌 그리 둔할까."

언젠가 한번은, 둘이서 외출했다가 들어오는데 제가 운전을 하고 남편은 옆자리에 앉아 졸고 있었습니다. 평소 사무실에서 클립을 보면 그걸 가지고 손장난을 하며 모양을 바꾸기도 하고 손가락에 끼우기도 하는 걸 즐겼는데, 그날도 방문했던 설계사무소에서 책상 위에 굴러다니는 반 쪽짜리 클립을 발견하고 집어 들어 손에 끼고 있다가 입에 물었던 모양입니다. 한참 달리고 있는데, 잠들었던 남편이 갑자기 컥컥거리며 기침을 하는 것이었습니다. 내가 놀라서 "왜 그래요?" 했더니 목을 잡고 토할 듯이 "클립을 삼켰나 봐." 하는 것이었습니다. 순간 난 웃음이 나오는 것을 참고 병원 응급실로 급히 달렸습니다. X-ray 촬영을 해보니 벌써 클립은 식도를 지나 위 한가운데 들어 있었습니다. 결국 퇴근했던 의사선생님이 달려오셔서 위 내시경을 통해 클립을 꺼내주셨습니다. 의사선생님은 "클립이 V자 모양이네요."라고 말씀하시며 웃음을 참지 못했습니다. 어린애들이 핀이나 단추를 삼키고 오는걸 보긴 했지만 연세 드신 분이 이런 걸 삼키고 오신 건 처음 본다면서.

내 남편 흉이 이리 많은지 몰랐습니다. 줄줄이 끊이지 않는 걸 보면.

아무튼, 식사 후 이쑤시개 물고 거리 활보하기, 아침이면 챙겨주는 서류며 휴대폰 그냥 놓고 가기, 펜 뚜껑 닫지 않은 채 와이셔츠 주머니에 꼽아서 잉크가 모두 새어 와이셔츠, 러닝셔츠는 물론 가슴까지 온통 새까매서 놀랐던 일 등 거슬리는 게 참 많습니다.

그러나 어쩌겠어요, 내 남편인 것을. 그래도 내 맘대로 하고 싶은 것 다 하고, 가고 싶은 곳 다 가도 이해해주는 남편인 것을. 시골길 달리다 길모퉁이에 자리 깔고 앉은 꼬부랑 할머니로부터 고추며, 호박을 몽땅 사들고 들어오는 남편인 것을. 지방에 출장 갔다 돌아올 때면, 당신이 좋아하는 거 사왔다며 식어 빠진 호두과자, 군밤 봉지를 자랑스레 내미는 남편인 것을. 항상 '당신만을 사랑한다.'는 남편인 것을.

늦은 밤 갑자기 인터폰이 울려서 받아보니 경비 아저씨가, 지하주차장에 세워둔 차에 불이 켜진 채라고 알려주네요. 어휴, 못 말리는 내 남편.

웃는 봉투 2008

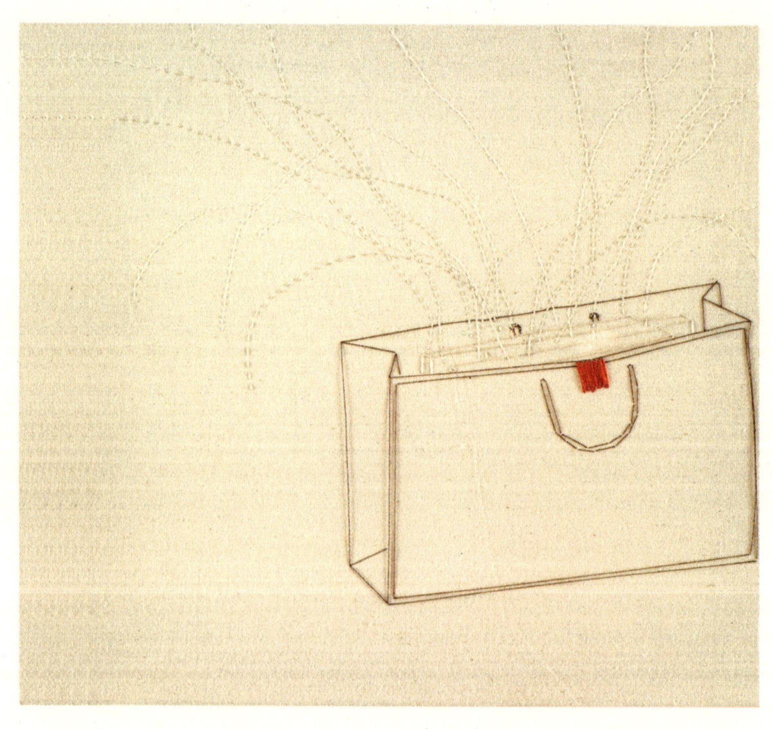

워낭소리를 따라서

할아버지의 투박하고 갈퀴 같은 손엔 워낭이 들려 있었다. 손바닥 가득 작고 청량한 방울소리가 울려 퍼졌다.

경북 봉화 마을에 여든 살 할아버지와 일흔 일곱의 할머니, 그리고 마흔 살이 된 늙은 소가 살았다. "저 놈의 영감은 농약도 안 치고 기계농사도 안 된다 하고 그저 나만 부려먹는다."며 구시렁 대면서도 할아버지를 그림자처럼 따라다니는 할머니. 할아버지의 얼굴은 밭이랑처럼 골이 파이고 푸석한 흰머리에 몸은 야위어 뼈만 남았다. 게다가 어릴 적 잘못 맞은 침으로 다리 한쪽의 힘줄이 어긋나 한 다리를 절며 지팡이에 의지해 걷는다. 늙은 소는 할아버지의 자가용이고 길 안내자다. 소에 매어 놓은 낡은 리어카에 앉아 논밭으로, 시장으로 다닐 때면 할아버지가 한숨 잠들어도 갈 길을 알아서 간단다. 할아버지에게 소는 자식이었다. 논밭에서 일할 때 새참을 내오면 당신 먹는 대로 쌀밥도 먹이고 막걸리도 한 사발 먹인다. “사료를 먹이면 편할 것을 나 힘들게 하려고 꼴을 베어 먹이고 쇠죽을 끓여대게 한다.”고 잔소리를 하는 할머니의 핀잔은 듣는지 못 듣는지 반응을 전혀 안 보이다가도 소의 ‘움메’ 소리엔 눈을 번쩍 뜨고 소를 살핀다.

소도 할아버지를 닮아 가죽과 뼈만 남았다. 할아버지의 불편한 걸음걸이만큼이나 힘들고 느린 걸음이다. 할아버지는 성치 않은 다리 때문에 기어 다니면서 논밭을 간다. 소가 힘이 없어 나무 그늘에 앉아 있으면 할아버지는 푸념 한마디 없이 손수 쟁기질을 하고 손으로 일일이 모를 심는다. 기계로 척척 모를 심는 옆 논을 보면 할머니는 부럽기만 하다. 그러나 할아버지는 아랑곳하지 않는다.

할머니와 자식들의 성화에 못 이겨, 할아버지는 우시장에서 젊은 소를 한 마리 사오고 얼마 안 있어 늙은 소를 내다 팔기로 한다. 소를 팔러 가는 날. 말없이 쓰다듬는 할아버지의 마음을 느끼는지 소는 눈물만 흘릴 뿐 순순히 따라 나선다. 우시장에 온 할아버지는 다 죽어가는 마흔 살의 소를 오백만 원에 팔겠다고 한다. 당연히 살 사람이 없었다. 할아버지의 평소 모습은 어수룩해 보였지만 이번엔 나름대로 이렇게 야무진 계획을 세웠나 보다. 못 이긴 척 소를 다시 데리고 돌아온 할아버지는 소의 수명이 거의 다 됐음을 수의사로부터 듣는다. 12월 어느 날. 소는 일어서질 못했다. 마지막 가는 소의 눈에선 눈물이 흘렀고 할아버지는 기운이 쇠해가는 소를 보며 그 긴 세월 묶여 있던 코뚜레를 빼고 워낭을 풀어 주었다. 마당 한편에 가득 쌓인 겨우살이 땔감은 할아버지, 할머니를 위한 늙은 소의 마지막 효도였을까. 소가 떠난 후 자꾸만 앓아눕는 할아버지를 보며 "아이구, 저 영감 가면 나도 가야지. 나 혼자 어떻게 살아." 하시는 할머니의 넋두리가 가슴을 파고든다.

나는 평소에 다큐멘터리 류는 잘 보지 않았다. 보았던 게 있다면 기껏해야 TV에서 방영되는 자연, 혹은 어떤 사건의 진상을 규명하는 따위였었다. 하지만 〈워낭소리〉라는 영화가 매스컴을 통해 연일 늘어나는 관객 수와 매우 감동적이라는 보도를 접하고, 보고 싶은 마음이 생겼다. 역시 마음을 움직이는 다큐멘터리였다. 유명한 배우도 아닌, 그냥 평범한 촌로와 마흔 살의 소가 주인공으로, 화려하게 꾸며낸 상업 영화도 아니다. 그런데도 계절마다 바뀌는 농촌 풍경과 매일같이 맞닥뜨리는 일거리, 늘 고된 나날이지만 기계를 마다하고 묵묵히 소와 함께 살아가는 할아버지. 농촌의 일상을 담은 화면들이 어찌 그리도 아름다운지 내 마음 깊은 곳에선 잔잔한 파문이 일었다.

소는 수명이 열다섯 살 정도라고 한다. 마흔 살의 늙은 소는 할아버지와 함께 삼십 년 세월을 동고동락하며 구남매를 키워내고 출가 시키는 데 큰 몫을 했다. 간간히 전달되는 소와 할아버지 간에 오가는 사랑에 가슴이 훈훈해지며 눈시울이 뜨거워지는 것을 느꼈다. 늙은 소는 갔지만 어김없이 봄이 오는 들판을 바라보며 힘없이 앉아 있는 할아버지의 뒷모습이 엔딩 장면이었다. 나는 한참을 그냥 앉아 있었다. 할아버지가 다시 일어서는 모습을 보고 싶었다. 그러나 올라오는 자막을 보며 내 마음속에서나마 할아버지를 기어코 일으키기로 했다.

내게도 같이 늙어가면서 워낭소리를 내고 있는 소가 있다. 오랜 세월 기쁨과 고통을 같이 해오는 늙은 소. 끊임없이 지칠 줄 모르고 달리고 있는 그의 목에서도 언제나 워낭소리가 들린다. 때로는 맑고 아름답게, 때론 처절하게…. 그러나 나는 할아버지처럼 따뜻하게 온 마음으로 사랑하지는 못 했다. 할퀴기도 하고, 채찍질도 했고, 아파해도 어루만져 주지도 않았다. 날로 앙상해가는 내 마음의 소에게 언제쯤이나 워낭을 풀어줄 수 있을까. 할머니처럼 나도 구시렁대며 불만을 토로하고만 있어야 할까. 더 늦기 전에, 더 지치기 전에 풀어 주어야 할 것 같다. 힘없이 망연자실한 채 앉아 있는 할아버지가 되지 않게 하려면. 자유로워지는 소를 보며 희망을 볼 수 있고 마음의 평안도 느낄 수 있지 않을까.

내리다 2017

여행길에 나를 만나다

차는 영동고속도로를 따라 달렸다. 문득 혼자이고 싶어서 간단한 소지품만 챙긴 채 홀로 여행을 떠났다. 들판 여기저기엔 말린 옥수수단이 서 있고, 야트막한 능선을 따라 노랑과 주황으로 물들어 가는 가을 산이 정겹다. 오랜만에 〈원더풀 데이〉를 들으며 달리는 차창 밖의 풍광 속에서 나를 만났다.

중학교 2학년 어느 날 가정시간. 눈이 크고 몸이 가냘펐던 선생님은 수업을 하시다 말고 나를 지칭하며 '항상 웃는 얼굴이 예쁘고 주위 사람을 즐겁게 한다.'며 칭찬을 하셨다. 왜 그랬는지도 몰랐을 뿐만 아니라 담임도 아니었고 내가 특별히 개인적으로 선생님과 가까웠던 것도 아닌데 잘 웃어서 복 많이 받고 살 거라는 말씀까지 덧붙여 주셨다. 선생님의 말씀처럼 나도 모르게 웃으면 복이

온다는 막연한 믿음이 있었던지, 나는 생활 속에서 의식, 무의식을 오가며 참 잘 웃었고 그저 좋은 게 좋다는 식으로 적당히 양보하며 살았던 것 같다. 그래서인지 내 삶은 평탄하고 행복하고 풍요로운 삶이었다. 철모르는 나이에 남편을 만나 결혼하고, 아들도 잘 자라 뜻하는 바대로 직장도 갖고, 딸애도 교직과 화가로서의 바쁜 나날을 보내는 중에 대학 동아리에서 만난 남자 친구랑 결혼하여 아들, 딸 낳고 서로 아끼며 오순도순 잘 살고 있다.

걱정 없이 살던 나를 남편의 사업은 갑자기 닥쳐 온 IMF 사태로 정신을 차릴 수 없는 나락으로 떨어뜨렸다. 남편과 함께 버티어 내려고 안간힘을 쓰며 주변 정리를 하고, 남편이 운영하던 회사 일을 도우며 모자라는 자금을 끌어모으기 위해 주변의 도움도 많이 받았다. 언젠가는 너무 절박해서 비굴하리 만큼 사정하며 도움을 요청하는 나에게 평소에 가깝다고 믿었던 몇몇은 차가운 한마디로 나를 아프게 했다. 더 견딜 수 없었던 것은 나의 실체와 진심이 왜곡 된 채 뒤에서 무성해진 소문이었다.

내가 이런 상황이 될 것이라는 것은 꿈에도 생각하지 않았었다. 경제적인 어려움보다 인간적인 신뢰가 무너지는 게 더 무서웠다. 오랜 시간을 허물없이 잘 지내오던 터라 마음의 위안이나 격려를 기대했다가 더 큰 조롱거리가 되었을 때의 서글픔은 글로도 표현하기가 어렵다. 그 무렵 내 얼굴에선 웃음이 사라지고 양미간엔 주름이 잡혔다. 시도 때도 없이 눈물을 주체할 수 없었다. 너그럽던 마음이 옹졸해지고 평안과 감사가 불안과 불평으로 바뀌었다. 그나마 나를 지탱하고 어려움을 이겨낼 수 있었던 것은 우리 네 식구가 지난날보다 더 똘똘 뭉친 것이었고, 어머니의 끊임없는 기도와 알게 모르게 큰 힘이 돼 주셨던 언니와 형부, 친동생 못지않게 나를 믿고 앞장서 도와주었던 35년 지기인 K가 내 곁에 있어준 때문이었다.

눈물을 삼키며 침묵할 수밖에 없었던 시간들이 이제는 도리어 그리움을 안겨주는 추억의 한 페이지로 남았다. 어쩌면 나 자신의 잣대로 상대방을 재보고 판단하며 마음속에 삭이지 못한 응어리를 키우고 있었던 건 아닐까. 세상을 살아가면서 가장 중요한 것은 무엇일까? 돈과 권력, 명예, 건강, 믿음 그리고 사랑 중 고를 수 있을까? 무엇 하나만 고른다거나 빼는 것은 어려울 것 같다. 숫제 예수님의 사랑, 부처님의 자비를 인생의 모토로 삼고 살면 만족한 삶을 살 수 있을까? 결국 기쁨도, 절망도, 행복도 시간이 흐르면 모두가 별게 아닌데도 순간순간은 왜 그리도 크게 지배했을까. 신神은 나를 사랑하셔서 이 세상에서 많은 것을 경험해 보게 하셨나 보다.

이제 안정과 웃음을 되찾고 다시 행복이 엿보이는 시점에서 홀로 떠나온 여행길. 현란했던 보랏빛 벌개미취 벌판은 다 시들어 누르스름한 깍지들만 남아 있고 한겨울 설원을 누비고 다니는 스키어들이 타고 오르내리던 리프트는 내 마음마냥 대롱대롱 매달려 있다. 딸이나 아들은 각자 자기 자리에서 제 할 일을 알아서 하고 있으니 이젠 내 빈자리쯤은 아무런 흔적도 없이 채워질 수 있으리라. 당연히 인정하면서도 홀가분한 즐거움보다는 씁쓸한 미련이 나를 지배한다. 어쩌면 이것이 인생사 순리인 것을…….

이왕 나왔으니 월정사 전나무 숲을 거닐고 봉평 장터에나 가 볼까나.

아! 가을이면 나는 자꾸만 눈물이 난다.

비밀의 숲 2017

어화둥둥 내 사랑아 2

"많이 많이 사랑해요."

화사한 봄날. 그는 환하게 웃으며 길가에 핀 노오란 민들레꽃을 내 손에 쥐어주면서 내 귓전에 간지러운 미풍처럼 불어넣어준 말입니다. 이럴 때면 그를 향한 나의 사랑은 불꽃처럼 타오릅니다. 그를 만난 지 4년이 되어가는데 몸도, 마음도 많이 자란 그는 완전한 왕으로 군림했습니다. 그의 말은 곧 법이 되었고, 나를 꼼짝 못하게 만드는 그는 나의 왕입니다. 안아달라면 안아주고, 보채면 달래주고, 어딘가 가길 원하면 같이 가야 하는 나는 행복한 시녀입니다.

지난겨울은 유난히 눈이 많이 내렸지요. 새해 첫날 그의 가족과 근교로 여행을 떠났습니다. 가는 길에 스키장에서 눈썰매도 신나게 탔지요. 도착한 숙소는 산자락 아래 자리 잡은 우아한 유럽풍

펜션이었습니다. 저녁식사로 앞 베란다에서 어둠 속에 내리는 눈을 보며 숯불 바비큐를 즐기며 사르륵사르륵 쌓이는 눈 속에 정감 넘치는 시간을 보냈답니다. 아침이 밝아와 창문을 열었더니 밤새도록 쌓인 눈 위로 여전히 눈은 펑펑 쏟아지는 것이었습니다. 온 세상이 은세계였습니다. 우리는 아침식사를 하고 출발할 예정이었는데 차량이 통제되어 나갈 수가 없었습니다. 나는 걱정이 앞서 내리는 눈이 원망스럽기까지 했지요. 그러나 그는 신이 났습니다. 함께 동행한 그의 장난꾸러기 외삼촌과 눈이 뭉쳐지지 않는다고 물을 뿌려가며 눈사람을 만들고 무릎까지 빠지는 눈밭에서 펄쩍펄쩍 뛰다가, 눈 위에 드러눕다가 하는 게 영락없는 두 마리 강아지였습니다. 그러던 그는 하얗게 내려 쌓인 눈을 보며 "눈雪에게 마음을 빼앗겨버렸어요." 하는 게 아니겠어요? 그럼 그를 향한 내 마음은 어쩌라구요? 하긴 그의 사랑 순위를 보면 언제나 첫째, 둘째는 부모이고 다음 차례는 기분에 따라 정해지는 것을 보면서 차마 묻지 못합니다. 난 그의 마음을 사려고 온갖 애를 다 쓰지요. 그가 좋아하는 선물도 사주고, 근교로 드라이브도 가고, 맛있는 것도 같이 먹고….

어느 날. 같이 차를 타고 가는데 텔레비전 드라마에서 호란이 불렀던 노래가 흘러나오자 조용히 듣고 있더니 "저 노래는 따뜻해요."라고 하더군요. 노래가 따뜻하다는 그는 로맨티스트인가 봐요. 하늘의 구름을, 밤하늘의 별을, 심지어 길가의 풀꽃까지도 그냥 지나치지 않습니다. 때론 내가 피곤해 보인다면서 내 어깨를 주물러줍니다. 나는 '아이, 간지러워.'가 터져 나오려는걸 간신히 참고 '아이, 시원해.'를 연발합니다. 그러면 신이 나서 온몸을 간질이며 몸을 비틀어 대는 나를 보고 웃어댑니다. 아! 하루 스물네 시간이 짧다 할 정도로 온통 그의 생각뿐이니 아무래도 내가 큰 병에 걸렸나 봅니다.

그는 아주 건강합니다. 무엇이든지 잘 먹거든요. 장어구이, 데친 낙지, 생선회, 청국장, 낫또, 알배기 굴비 등등. 죄다 스테미너 식食이죠? 아참. 국수 종류는 가리지 않고 다 좋아해요. 그리고 양치 후 꼭 집어먹는 죽염 두 알. 참 신기하기까지 합니다. 그래서인지 잠시도 쉬지 않고 몸을 움직이고, 운동이란 운동은 모조리 흉내를 낸답니다. 축구, 야구, 씨름, 스케이트, 봅슬레이까지도….

그런데 그에게 한 가지 아쉬운 게 있어요. 'ㄹ'발음이 서툴러요.

"공원에서 만두 봤어요."

"공원에서 만두를?"

아하! 공원에서 '말도 봤다'는 말이죠. 파양(파랑) 따야와(따라와) 면치(멸치) 선문(선물) 몬나(몰라), 빤내(빨래), 온네(올레!)…. 이걸 누가 알아듣겠어요? 그래도 나는 그가 대견하고 귀엽기만 합니다.

그의 부모는 방해꾼입니다. 그가 내게 가까이하면 훼방을 놓습니다. 모처럼 휴일이 되어 오붓한 시간을 가질라치면 가족 스케줄을 잡아 떼어놓는답니다. 또 그가 원하는 걸 들어주려 하면 낯빛이 달라지며 나를 힐난하듯 바라봅니다. 자식에 대한 사랑을 무기로 내게 왜 그리 심하게 대하는지, 참 너무합니다. 그래도 그의 부모인지라 함부로 대할 수도 없어 그냥 참습니다. 삼십 년쯤 뒤면 당신들도 내 마음을 알겠죠. 그때 나에게 너무 심했다고 후회해봐야 소용없지만 말입니다.

오늘도 아쉬운 마음을 뒤로하고 그의 집을 나오는 나의 등 뒤로 삼십구 개월짜리 사내아이는 온 동네가 떠나가도록 소리칩니다.

"한머니!(할머니) 많이많이 샤양(사랑)해요. 내일 샤탕(사탕) 꼭 샤오세요."

짠- 2015

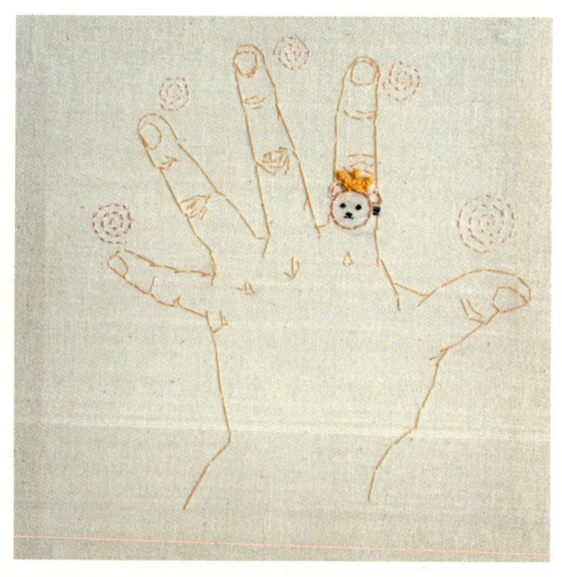

여행 작가 송 아저씨

여행을 좋아하는 나는 그날도 이희승님의 〈벽공〉에서 "손톱으로 톡 튀기면 쨍하고 금이 갈 듯"한 파란 하늘을 보며 한껏 부풀어 길을 나섰다.

이른 아침. 여자들로 가득 채운 버스가 목적지를 향해 출발하여 간단한 아침식사를 마칠 무렵 그는 마이크를 잡고 앞에 섰다. 아무리 뜯어 봐도 잘생긴 외모랄지 듬직한 남성상은 아니다. 흰 수염과 하얗고 긴 꽁지머리에 오래된 연륜을 나타내듯 퇴색한 잿빛 모자를 눌러쓰고 둥그스름한 뿔테안경을 걸치고 앞에 선 그는 눈에 확 띄는 스타일은 아니다. 나는 그를 잘 모른다. 다만 몇 년 새 우연히 그가 안내하는 여행에 두세 번 참가했을 뿐이고 그도 역시 나와 얼굴이 마주치면 낯설지 않을 정도일 것이다.

긴 시간 목적지를 향해 가는 동안 잡다한 지식과 스멀스멀 이어

가는 유머로 화끈하거나 적극적이지는 않지만 물 흐르듯이 펼쳐지는 진행은 잔잔하게 끌려들어가게 한다. 여행은 채움이며, 비움이고 나눔이란다. 고개를 끄덕이게 하는 말이다. 나도 하루쯤 자연을 벗 삼아 바쁘고 고단한 일상에서 벗어나 마음속 묵은 찌꺼기도 털어내고 새로운 도약을 다짐할 수도 있고, 누군가에게, 무엇인가에 나를 쏟을 수 있는가도 생각할 수 있는 시간이 되니까.

그는 잠시 브람스의 〈헝가리 무곡 5번〉을 들려주고 한숨 쉬었다가 여행지의 특성, 문화, 역사유적지, 그 지방의 음식에 이르기까지 소상히 설명해준다. 심지어 어느 장터의 골목 안 깊숙이 있는 특별한 순대를 소개하며 여기 아니면 맛볼 수 없다고 짧은 시간이었는데도 그것을 사가지고 와 점심상에서 맛보게 해주고, 어디엔 TV에서 생활의 달인에 방영된 이후 입이 귀에 걸렸다는 '못생긴 도넛' 가게가 있다고 소개도 해주었다. 말할 것도 없이 나는 다 팔릴세라 서둘러 그 도넛을 한 상자 사 들었고.

여행 작가를 하면서 몇 권의 책을 저술하고 주말이면 방송인으로서 바쁜 스케줄을 보낸다는데 많은 시간 나름대로 연구하고 공부한 흔적이 역력하다.

무슨 질문을 해도 마치 백과사전을 옮겨 놓은 듯 어디, 무엇, 언제 등이 술술 풀려 나온다. 음악에도 조예가 깊어 가요뿐 아니라 가곡, 오페라에 대해 발표 시기, 노래 부른 가수에 얽힌 이야기들을 들려주고 화면으로도 보여준다. 본인이 개사하여 만든 애교 섞인 노래는 조용한 웃음을 자아내게 했다. 매끄럽고 낭랑한 미성이랄 수는 없는 약간의 허스키가 그런대로 들어줄 수 있는 목소리였다. 오랜 시간 달리는 버스 안에서의 지루함을 달래주려는 배려였으리라. 사이사이 고은 시인의 "내려갈 때 보았네/ 올라갈 때 보지 못한 그 꽃", 또 나태수 시인의 "자세히 보아야 예쁘다/ 오래 보아야 사랑스럽다/ 너도 그렇다"랄지 짤막한 시로 우리의 감성을 자극하여 마치 내가 그 꽃 송이인 양 착각하게 만드는가 하면, 여행 중 충청도 쪽 어느 마을의 시장을 다니다 보았다면서, 장바닥에 대강 찢은 종이에 '스님과 신부님은 절대로 드시면 안 됩니다.'라고 적어놓은 그것이 무엇인지 아느냐고 질문을 던진다. 다들 갸웃하고 대답이 안 나오자 빙긋이 웃으며 '부추'란다. 순간 버스 안은 웃음이 터져 나왔다. 부추는 남자에게 좋대나? 더구나 음력 5월까지는 부추가 약이 된단다.

담양에서는 송강 정철의 가사문학을 전해주고, 백양사에선 350년 된 홍매화를 설명하며 매화는 반쯤 피었을 때가 향기가 진하고 벚꽃은 만개 때, 복숭아꽃은 멀리서, 배꽃은 가까이 보았을 때 예쁘다고. 내가 직접 확인한 바가 아니지만 그럴 듯하다.

우리에게 여행의 정보와 지식과 웃음을 전해주는 그는, 보기엔 여행으로 일관된 삶이 꽤 만족스러워 보였다. 그는 아침이면 나는 행복하다, 나는 건강하다, 나는 잘할 수 있다는 다짐을 하며 하루를 시작한다고 했다. 그러나 배우가 열연을 마치고 난 후 텅 빈

객석을 바라보며 허허로운 마음을 달래는 서글픔 같은 게 그에게도 있을까. 글쎄다. 이 글은 순전히 나의 주관적인 관찰과 판단에 의해 쓰는 글이기에 실제 그의 내면과 외면의 모습이 판이할는지 모르지만 나는 내게 비쳐진 밝은 모습이 그의 삶이었으면 좋겠다. 또한 감히 선생님이나 작가라는 호칭을 버리고 '아저씨'라 칭한 것은 내 나름 소탈하고 친근한 느낌이 있어서인데 본인은 못마땅하고 불쾌하다 생각할 수도 있겠다. 그런들 나 혼자 생각이니까 어쩔 수 없는 일이고 다음에 언제, 어디서 또 만나 그의 안내로 여행을 하게 되더라도 예전처럼 의례적인 인사말을 주고받으며 그날의 여행에 빠져들 것이다.

주변이 어둑어둑해질 무렵 버스는 서울 시내로 들어서고, 앞쪽 TV 화면에선 루치아노 파바로티가 특유의 제스처를 보이며 정열적으로 노래를 불렀다. 베르디의 '라 트라비아타' 중 〈축배의 노래〉를. 이어 마무리하는 멘트와 그의 수고에 감사하는 박수를 끝으로 오늘 여행은 마침표를 찍었다.

아! 나는 땅 위로 뾰족뾰족 솟아오르는 새싹이 보고 싶으면, 벚꽃이 꽃비 되어 흩날리는 날이면, 하얀 눈이 소복이 나뭇가지에 쌓이는 날이면 새로운 설렘을 안고 어딘가로 또 떠날 것이다.

모두 다 꽃이야 2015

4부

사랑은

그리움을 수놓다

가을 나들이

김치를 담그다

첫사랑

꽃은 별이어라

그녀와 나랑은

사랑은…

그녀는 남편과 저녁식사를 하고 있었다. 주름이 늘어가는 남편을 보고 있으니, 함께 살아온 오십여 년 세월이 어제인 양 또렷이 떠오른다. 그녀는 생선가시를 발라 남편의 앞 접시에 놓아주며 참아온 말을 쏟아낸다.

"당신과 함께 지금까지 살아오면서 얼마나 많은 고생을 했는지 알아요? 성미 고약한 당신 뒷바라지하면서 보이지 않는 갖가지 수고를 다 했는데, 누구에게도 '내 아내의 내조로 오늘을 이룬 것'이란 얘기는 한 번도 해본 적이 없어요. 지금 모든 영광은 당신 혼자 누리고 있으면서."

볼멘소리를 하는 그녀를 향해 남편은 빙긋이 웃으며 한마디 한다.

"내 안에 당신이 있어. 당신이 곧 나야."

블링블링 2017

그리움을 수놓다

딸애가 서양화과를 졸업하고 작품 전시회를 열었다. 캔버스에 유화 물감으로 그림을 그린 게 아니라 광목 천 위에 갖가지 형상으로 수를 놓은 작품이었다. 거기엔 꿈과 사랑, 그리고 많은 이야기가 있다. 몇 개의 작품으로 포스트 카드를 만들어 왔기에 한 장 한 장 넘겨보다가 문득 내 어린 시절이 그리워졌다. 난 언덕 위의 나무 한 그루며, 꽃밭, 나비 잡는 풍경 속에 풍덩 빠져들었다.

내가 살던 초가집은 골목 깊이 들어오면 우물이 있었고 거기에서 조금 경사진 좁은 길을 올라가노라면 지붕이 보였다. 길 양쪽에 붓꽃이며 싸리꽃, 해바라기가 번갈아 꽃을 피워 급한 심부름을 가던 중이라도 나의 발걸음을 멈추게 했다. 그 길의 끄트머리에 바로 마당으로 이어진 우리 집. 마당엔 아담한 꽃밭이 있어 사철 나의 놀이터가 되었다. 채송화, 봉숭아, 맨드라미, 백일홍, 분꽃이 서로 다투며 앙증맞고 예쁜 모습을 드러냈다. 집 한 편의 넓은 밭에서는 계절 따라 상추, 오이, 고추, 가지, 호박 그리고 배추, 무가 자랐다. 뒷마당엔 오래된 감나무와 대추나무, 앵두나무가 터줏대감처럼 버티고 있었는데 감꽃이 필 무렵엔 새벽같이 일어나 떨어진 하얀 꽃을 주워 목걸이를 만들려고 아침잠을 설치기도 했다. 여름이 시작될 즈음 붉은 구슬처럼 조롱조롱 매달린 앵두를 따서 차마 먹지 못하고 손으로 조물거리다가 터져버린 붉은 물을 핥아 먹었던 기억이며, 봉숭아꽃이 씨앗을 맺기 직전에 언니가 꽃과 이파리를 따서 명반, 숯을 넣고 짓찧어 내 손톱 위에 얹어 꽁꽁 싸매 주면 아련한 설렘을 안고 잠들었던 일. 주황색으로 잘 익은 꽈리의 알찬 속을 빼내어 불어보려고 무진 애를 써도 결국엔 찢어져 실망하던 일들이 엊그제 같다. 꽃잎에 날개를 파닥이며 앉아 있는 나비를 잡으려고 살금살금 걸어가다 돌부리에 차여 넘어진 상처는 꽤 오래 남아 있었다. 소낙비가 퍼붓는 날이면 아랫집에 사는 숙희랑 처마 끝에서 방울방울 떨어지는 물방울을 두 손을 내밀어 누가 더 많이 받는지 내기를 하기도 했었다. 이런 장난을 하면 손등에 사마귀가 생긴다는 말도 있었지만.

언젠가 엄마가 새로 만들어 준 하늘색 원피스를 입고 좋아라 하며 나풀나풀 뛰어 숙희에게 자랑하러 내려가던 길목엔 이름 모를 노랑꽃이 반기고 있었다. 난 순간 발길을 멈추고 그 꽃을 몇 송이

따서 새 원피스의 밑자락에 한 송이씩 놓고 치맛자락을 비틀어 쥐어짰다. 다시 폈을 땐 노랑꽃이 원피스 밑단에 고스란히 옮겨 와 있었다. 그렇게 몇 송이를 쥐어짜고 펴면서 신기하고 좋아서 어쩔 줄 몰랐다. 물론 그날 저녁 새 옷을 망쳤다는 꾸지람을 면할 수는 없었다.

내 나이 여섯 살의 기억은 오십 중반을 넘어선 나이가 되었어도 마음에 담겨져 있어 가끔 꽃밭에서 놀든지, 아님 어머니가 텃밭에서 솎아주시는 갖가지 채소를 이웃집에 가져다 드리는 꿈을 꾼다. 숙희네랑 공동으로 사용했던 우물은 꽤나 깊었던 것 같다. 나이가 어려서 두레박으로 물을 퍼 올리진 않았지만 우물에 얼굴을 비춰 보기도 하고 소리를 질러대어 한참 만에 되돌아오는 내 목소리를 들으며 신기해하기도 했었다. 여름이면 큰 양동이에 끈을 묶어 수박, 참외를 담아 우물 속에 담갔다 먹기도 했는데 얼마나 시원하고 달았는지….

초등학교 2학년 때 그곳을 떠나온 후, 지금까지 꿈속에서만 어쩌다 찾아 갔을 뿐 한 번도 가보질 못했다. 아마 대단지 아파트라도 들어서 옛 모습은 흔적도 남아있지 않으리라. 어느덧 세속에 물들어 살아온 삶은 이제 지천명知天命의 나이가 되어 뒤돌아보니 군데군데 부끄러운 상처가 눈에 뜨인다. 어른이 되면서 내재하게 된 아집과 오만과 허세와 탐욕…. 이런 것들에 휘둘리어 진실한 사랑과 겸손, 아량이 숨어버린 시간들. 누군가 지나간 것은 모두 아름답다고 했듯이 특히 어린 시절은 순수하고 고운 마음으로 살았던 것 같다.

이제 신께서 내 살아온 날들 중 짤막한 시간을 되돌려 주신다면 나는 서슴없이 고향집에서의 어린 시절로 되돌아가고 싶다.

내가 찾는 2006

가을 나들이

우리는 선운산 아름다운 풍경에 탄성을 지르며 높은 바위에 새겨진 마애불을 보고, 풍광 좋은 도솔암 찻집에서 빛이 곱게 우러난 오미자차를 마시고 내려오는 길이었다. 내 뒤를 따라 오시던 달님 언니가 〈가을〉을 선창하자 모두 따라 부르기 시작했다.

"가을이라 가을바람 솔솔 불어오니……."

빨강, 노랑, 주황으로 물든 단풍과 맑은 공기, 상사화의 푸른 잎이 뾰족뾰족 돋아 오른 숲길을 걸으며 우린 어느새 여고시절로 되돌아간 듯 재잘댔다. 한참을 집안 얘기, 세상 돌아가는 얘기로 꽃을 피우던 중에 화제가 우리 지도교수이신 김 교수님에게로 쏠렸다.

"요즘 교수님이 변했어." 누군가 한마디 시작했다.

"맞아. 젊은 애들을 더 이뻐하시는 것 같아. 지난번 평창 갔을 때도 가실 땐 큰언니 두 분을 태우고 가셨는데 오는 차엔 파트너를 바꾸자시며 제일 막내인 그린과 도철엄마를 태우시더라고."

나이에 상관없이 깔깔대며 모두 한마디씩 보탰다.

"그동안 우리에게 싫증이 나셨나봐."

"싫증날 때도 됐지, 뭐."

"교수님이 묵은 김치의 참 맛을 모르시나 봐."

"정말."

또 까르르 쏟아내는 웃음소리는 붉은 단풍나무 숲을 흔들었다. 우리 교수님이 면전에서 이런 말을 들었으면 아마 고개를 갸웃하시며,

"내는 젊은 향기를 좋아하는 것 같지만 사실은 여러분 모두 다 좋아해요."라고 하실 것 같다.

물론 우린 누구도 그런 교수님의 행적에 섭섭해 하거나 투정을 부리고 싶지는 않다. 모처럼 귀여운 막내들의 재롱이 교수님이나 우리 모두에게 활력을 불어넣어 주니까. 그리고 학식은 풍부하지만 권위적이고 냉철한 이미지의 어떤 유명하신 분보다 학문과 강의에 열정이 있으면서 구수하고, 소탈하여 은근히 팬이 많으신 우리 교수님을 존경하고 사랑(?)하니까.

오늘 여행은 선운산 단풍과 미당 문학관 관람이라는 뜻있는 시간이고 강의실을 벗어나 자연에서 하루를 보낸다는 것에 큰 의미가 있어서인지 회원 모두 참가했다. 우리는 단풍 고운 선운산을 뒤

로하고 미당 문학관과 국화꽃 축제가 열리는 미당 묘소로 향했다.

버스에서 내리자 눈앞에 펼쳐진 노란 국화밭! 군데군데 "아니 온 듯 보고 가세요." 라고 쓰인 팻말은 무엇을 의미하는지 알 것 같았다. 높은 산등성이에 자리 잡은 미당의 묘소 주변은 온통 노랑 벌판이었다. 백억 송이의 국화가 피었다나. 우린 노랑 국화 향기에 흠뻑 젖어 가을을 통째로 품안에 안았다. 교수님은 제법 높은 곳에 자리 잡은 미당의 묘소까지 가파른 국화 밭 사잇길을 힘들게 오르시며 무슨 생각을 하셨을까. 우린 교수님의 생각에까지 참견할 생각은 없고, 다만 비교적 힘든 행보였는데 지치지 않으신 체력에 박수를 보냈다. 더구나 버스 안에서 '서정주님의 문학 세계'에 대한 열강은 우리의 문학 세계를 풍요롭게 해 주셨으니 더욱 큰 박수를 보낼 수밖에. 한편으론 우리 교수님이야말로 세대별로 고루 갖춘 제자들과 어우러져 가을여행을 하실 수 있으니 복이 많으신 분이라고 생각했다.

미당 문학관에선 축제 기간이어서인지 마이크를 붙잡은 여장 남자 가수가 유행가를 부르고 있었다. 주변은 음식과 특산물 판매로 어수선하여 문학관에 전시된 미당의 친필 원고나, 생활 유품들을 돌아보는 우리에게 그런 분위기는 걸맞지 않았다. 우리는 문학관 관람을 마치고 국화꽃 대신 소연 님이 사주신 국화빵 한 개씩을 물고 버스에 올랐다. 그런데 두 사람이 모자랐다. 서로 주위를 돌아보며 누가 안 보이나 살폈다. 교수님께선 "수선화가 안 보인다."시며 주위를 둘러보셨다. "저, 여기 있는데요." 바로 앞에서 수선화가 생긋 웃는다. 누군가, "교수님이 수선화만 챙기시네." 하는 소리에 우리 모두 까르르…. 한참 후 멀리서 헐레벌떡 뛰어 오는 키가 작은 영산홍과 키가 크고 통통한 도철엄마의 모습은 서로 대비가 되어, 보고 있던 우리에게 한 번 더 큰 웃음을 안겨 주었다.

버스가 어느새 어둠이 내리는 금강을 지나칠 무렵 큰 무리 지어 하늘을 나는 철새 떼를 보며 우리의 마음은 벌써 서울에 가 있었다.

"눈이 부시게 푸르른 날은 그리운 사람을 그리워하자……."

미당의 시구처럼 우린 이렇게 오늘을 그리워 할 것이다.

정오의 희망 2008

김치를 담그다

그녀는 곱게 누빈 한복을 입고 등장했다.

"제가 식품명인 지정을 받고 김치 명인이 되기까지 28년 외길 인생을 살았습니다. 그동안의 제 삶을 짐작하시겠죠?"

활짝 웃으면서 시작하는 그녀의 강의는 맛깔스럽게 막힘없이 진행되었다.

나는 직접 김치를 담그기 시작한 게 몇 해 되지 않아 늘 미흡함을 느꼈는데, 문화센터에서 일일 요리강습으로 김치명인의 강의가 있다기에 신청을 한 것이다. 삼십여 명의 신청자들은 앞치마를 두르고 앉아 열심히 보고 들으며 메모를 했다.

"김치의 레시피는 일정치 않아요. 계절 따라 재료의 당도나 수분이 다르고, 누가 담그고, 보관은 어떻게 하나에 따라 맛이 다르기 때문이죠. 무엇보다 타고난 손맛이 있어서 똑같은 재료로 담가도 맛이 달라요." 그러면서 그녀는 배추김치 담그는 것을 시연해 나갔다.

김치의 유래는 삼국시대를 거슬러 올라갈 만큼 오랜 역사를 가지고 있다고 한다. 하지만 그 무렵의 김치는 간장과 소금만을 이용한 요즘의 장아찌 형태였고 오늘날의 김치는 1600년대경 고추가 상용되면서 시작되었다고 한다. 김치류를 총칭하던 옛말은 '지' 또는 '침채沈菜'라고 했던 것으로 추정되며 '침채'는 채소를 소금물에 담근다는 의미라고 한다. 이것이 '팀채' 혹은 '딤채'로 발음되어 나중에 '짐치'로, 오늘 날은 '김치'로 변환되었다고 본다.

어릴 적, 김장을 하는 날이면 우리 집으로 이웃집 아주머니들이 모여들었다. 맵고, 비릿하고 고소한 냄새 속에 웃음소리 가득 담아, 절인 배추 속에 양념을 넣으면 집에 남아있던 남정네는 화단 한편에 땅을 파서 김칫독을 묻고 거기에 양념이 버무려진 김치를 날랐다. 통무 동치미까지 담가 땅에 묻고 김장독 뚜껑 위에 볏짚으로 둥글게 덮어 놓으면 모든 김장은 마무리가 된다. 추운 겨울밤, 살얼음을 깨고 꺼내 온 잘 익은 동치미와 뜨거운 고구마를 먹을 때의 그 맛이란! 이렇게 어릴 적부터 매 끼니, 김치에 길들여진 우리 입맛은 어쩌다 기름진 서양 음식을 대하고 보면 마지막엔 김치 한 가닥 먹었으면 입안이 개운해지겠다는 말을 종종 한다. 그러다보니 해외여행을 나갈 때면 김치를 먹지 못한다는 게 고역이기도 했다.

십여 년 전. 내 조카가 미국의 샌안토니오에서 유방암 연구를 하고 있었다. 김치를 좋아하는 조카를 위해 나는 종종 김치를 보내주었다. 어느 날 그녀의 전화를 받고 배꼽을 잡고 웃었다. 조카는 내가 보내준 김치를 맛있게 다 먹었는데 김치 통에 제법 많은 국물이 남아 있어 버리기가 아깝더란다. 머릿속에 반짝 떠오르는 게 있어, 마트에 가서 배추를 사다가 씻어서 적당히 잘라 그 국물에 넣어두고 이틀쯤 후에 먹으려고 꺼냈더니 시어진 국물에 배추만 그대로 동동 떠있다고 어쩌면 좋으냐고.

김치명인의 손놀림은 설명과 동시에 무채를 썰고 쪽파, 청갓 등 부재료를 준비하여 고춧가루, 찹쌀풀, 젓갈 등을 넣어 양념소를 만들더니 활처럼 휘게 잘 절여진 배추 잎 사이사이에 소를 넣고 접시에 담아 내놓았다.

"김치는 슬로 푸드예요. 절이면서 기다리고, 담가서 익기를 기다리고……. 혹시 11월 22일이 김치의 날인 거 아세요?"

열한 가지 이상의 재료가 들어가고 스물두 가지 이상의 영양소가 있다고 해서 만들어졌다고. 김치는 주재료인 배추, 무 등에는 다양한 비타민과 칼륨, 무기질이 많고 무엇보다 발효되는 과정에서 생성된 유산균으로 인해 항암작용도 할 뿐만 아니라 부재료인 고춧가루, 마늘, 생강, 젓갈에 들어 있는 영양소도 많아 소화 작용과 혈액순환도 돕는 최고의 건강식품으로 알려져 있으니 김치의 날이 제정될 만도 하다. 이어서 그녀의 동치미 담그는 것까지 배우고 1일 요리강습을 마쳤다.

우리나라는 사계절이 있어 김치의 종류도 다양하다. 봄이면 얼갈이김치, 여름이면 열무김치, 부추김치, 오이소박이 가을엔 고들빼기김치, 총각김치 그리고 겨울이면 통배추김치, 보쌈김치, 깍두기, 동치미등 계절에 따라 독특한 맛을 음미할 수 있다. 또 각 지역의 특산물이 된 강화의 순무김치, 여수의 갓김치 그밖에 가지김치, 깻잎김치, 호박김치 등이 있고, 요즘은 요리연구가들이 갖가지 재료로 새로운 김치를 만들어 선보이고 있다. 어떤 색다른 김치가 우리의 건강과 입맛을 돋우어줄지….

때마침 조간신문에서 우리의 '김장문화'가 유네스코의 인류무형유산으로 등재되었다는 기사를 보았다. '김치'라는 특정음식의 등재가 상업적으로 이용돼 인류무형유산 등재 제도의 본질이 왜곡될까봐 명칭을 '김장문화'로 수정하였다 한다. 김장문화에는 여러 세대를 거쳐 가족과 친척은 물론 품앗이로 이웃까지 함께 모여 김장을 하고, 자신들이 필요한 양보다 많은 김치를 담가 불우한 이웃을 살피는 한국의 전통정신이 깃들어 있음이 등재 이유란다. 이제 우리는 우리 땅에서 재배하고 자란 농산물로 담근 김치야말로 최고의 맛과 유익한 영양소가 있음에 자긍심을 갖고 한글 그대로 '김치'로서 세계로 뻗어 나가기를 바란다.

나는 김치명인의 강의를 생각하며 맛있는 김치를 담글 것이다. 오늘 배운 레시피를 토대로 어머니로부터 물려받은 타고난 손맛을 더해, 잘 발효되고 숙성된 김치 특유의 향과 상큼한 맛을 기대하면서, 배추김치를 비롯해 총각김치랑 물김치, 갓김치를…. 옆집이랑 앞 동에 사는 친구네도 두어 쪽씩 맛보라고 갖다 주고, 딸네도 보내고, 그리고 오래도록 어머니가 담가주신 김치를 받아먹었는데 이제는 연로하셔서 기억도 가물거린다는 어머니께 내가 담근 김치를 갖다 드려야겠다. 맛을 보신 어머니는 무어라 말씀하실까.

바리바리-orange 2016

첫사랑

그녀의 승용차에선 언제나 헤이즐넛 커피 향 속에 바이올린 협주곡의 선율이 흘렀다. 그런데 그날은 다른 때와는 달리 조동진의 〈제비꽃〉이 차 안 가득히 울려 퍼졌다.

"내가 처음 너를 만났을 때 너는 작은 소녀였고/ 머리엔 제비꽃 너는 웃으며 내게 말했지/ 아주 멀리 새처럼 날으고 싶어… (중략)"

"노래, 참 좋다."

"언니. 그렇지? 내 첫사랑 남자가 직접 곡을 골라서 CD로 구워 준 거야. 제비꽃을 보면 내 생각이 난대."

"? ?"

그녀는 행복한 미소를 온 얼굴에 머금었다.

"언니. 요즘 나, 행복하면서도 우울해."

그녀의 이야기는 여고시절로 되돌아갔다. 여고 1년, 근처 S고 남학생들과 학교에서 인정하는 서클 활동으로 여름방학 중 농활을 가게 되었다. 어느 날 갑자기 열이 나고 몸이 많이 아팠는데 병원이나 약국이 근처에 없어 치료를 못 하고 정신없이 앓고 있었다. 깊은 밤 갑자기 약을 내미는 손이 있어 올려다보니 키가 큰 남학생이 땀을 흘리며 서 있는 게 아닌가! 정신을 차린 후에야 그가 읍내까지 두 시간을 걸어서 약을 지어 왔다는 것을 알았다.

그 후, 두 사람은 은근히 호감을 가지고 가끔 만나게 되었다. 그럴 때면 그녀는 단둘이 만나는 게 쑥스러워 언제나 서클 친구 Y와 함께 나가곤 했다. 고3이 되어 서로 입시준비에 바빠 잠시 만나지 못했다. 나중에 그가 의대에 합격했다는 소식을 친구를 통해 전해 들었고 보지 않으면 마음도 멀어지는지 서로 소식이 끊긴 채 시간이 흘러, 그녀는 대학을 졸업하고 중학교에서 교편을 잡게 되었다. 마침 그녀에게 착하고 재능 있는 모 대학 전임강사가 끈질기게 구애를 하여 결혼을 했다.

나와는 같은 학교에 근무한 데다 결혼하여 나의 옆집에서 신혼살림을 시작하게 되어 지금까지 친자매처럼 살아가고 있다. 밝고 환하게 웃으며 즐겁게 사는 그녀의 모습이 예뻤다. 삼십 년을 가족처럼 친하게 살았지만 단 한 번도 그녀의 첫사랑에 대한 얘길 듣지 못해서 그녀의 남편이 첫사랑의 남자인 줄만 알고 있었다. 난 갑자기 등장한 그녀의 첫사랑에 대해 어떻게 받아들이고 조언을 해야 할지 몰랐다.

"언니. 그 사람은 내 친구 Y에게 나를 만나고 싶다고 여러 차례 전했지만 사실은 Y가 그 사람을 너무 좋아했대. 그러니 Y가 나와의 만남을 주선했겠어? 내가 누군가와 만나고 있다고, 없는 얘기로 그의 마음을 돌리려 했나봐. 내겐 시치미 딱 떼고…. 결국 그 사람은 중매로 결혼을 했는데 부인에겐 정을 못 주겠더래. 마음속에선 늘 내 생각을 떨치지 못해 나의 근황을 탐문할 생각으로 3년 전쯤, 그 시절 모임을 다시 결성하면서 내 소식을 접하자 뛸 듯이 기뻤대. 어느 날 나는 선배언니로부터 모임에 나오라는 연락을 받고 가슴이 두근거리는 걸 숨길 수 없었어. 사실 나도 아련한 그리움 같은 게 남아 있었나봐. 카페 안으로 들어오는 키 큰 남자를 보는 순간, 숨이 컥 막히는 거 있지. 중년의 나이가 되었는데도 옛 모습이 그대로 남아 있더라. 그날따라 검은 상의에 보랏빛 넥타이가 잘 어울렸어.

단둘이 앉아 오랜 얘길 나누다가 우리 사이를 Y가 가로막았다는 걸 알았어. 그렇지만 이제 어쩌겠어? 그냥 친구로 지내자고 했지.

어느 날 나는 남편이랑 분위기 좋은 찻집으로 가서 그 얘길 다 털어 놓았어. 남편은 대수롭지 않게 이제 다 늙어 가는데 자유롭게 친구처럼 만나라고 하는 거 있지. 내 남편 멋지지?"

정말 그녀의 남편은 오랫동안 보아 왔지만 외모도, 품성도 신사였다. 더구나 결혼해서 지금까지 구순이 넘은 시아버지를 지극정성으로 모시고 아들 딸 훌륭하게 키우는 그녀에게 늘 고마워하고 사랑을 아끼지 않았다.

그녀는 그 사람과 함께 저녁을 먹게 되었다. 구운 생선이 테이블에 놓이자 정성껏 살을 발라 그녀의 숟가락 위에 얹어 주며 많이 먹으라고 했다. 그녀는 감동의 물결이 온몸을 타고 흘렀다. 결혼한 지 30년이 되어 오는데 언제나 그녀가 생선을 발라 가족들에게 먹였지, 누군가 그녀에게 이런 배려는 한 적이 없었기에…. 그러나 순간, 이런 감정을 누르며 고개를 가로저었다. 그녀를 향한 정성과 마음을 그 사람의 가족에게로 돌려야 할 것 같았다. 그가 그의 가족과 따뜻하게 사랑하며 살았으면 싶었다. 며칠 후 그녀는 그 사람에게 만나지 않겠다고, 마음속에 좋은 친구로 남자고 메일을 보냈다.

어느 날 저녁 식탁에서

"여보. 이제부턴 생선을 구우면 당신이 살을 발라서 날 먹여줘요."

"에이, 그럼 우리 앞으론 생선요리는 먹지 말자."

남편은 그녀의 진의를 전혀 못 알아채고 싱겁게 응대했다. 그녀는 그런 남편을 향해 아침저녁으로 '사랑해'를 연발하며 웃음을 날린단다.

난 그녀를 위해 별다른 조언을 할 필요가 없어 실없이 웃고만 있었다. 대신 내게도 CD를 복사해 달라고 했을 뿐. 그녀가 나직이 부르는 〈제비꽃〉을 따라 부르며 나의 뇌리에선 보랏빛 꽃물결이 퍼지듯 첫사랑의 기억이 넘실댄다. 아! 나의 첫사랑은 어디서 무얼 하고 있는 걸까.

손-봄 2005

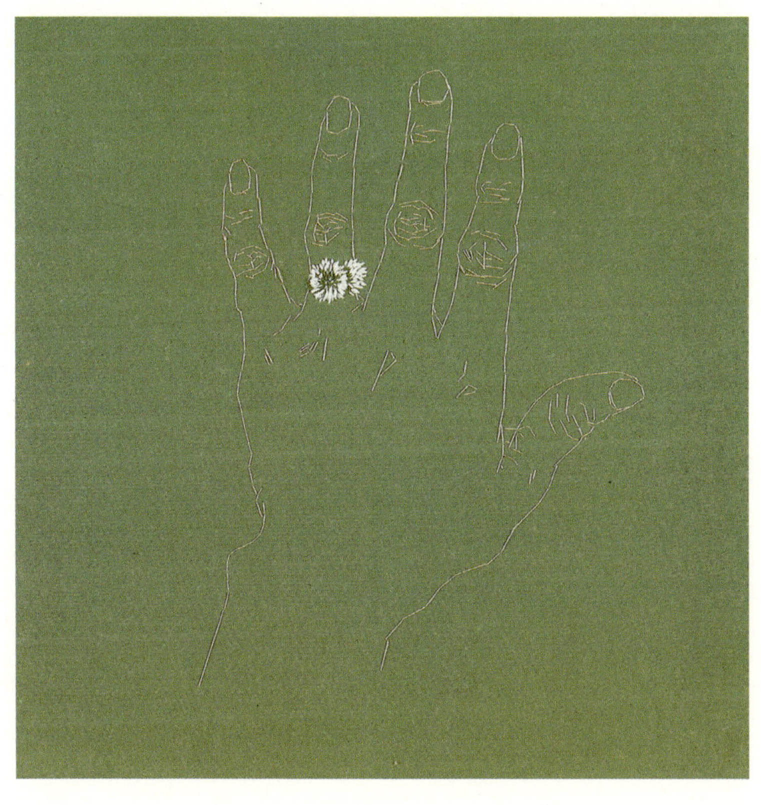

꽃은 별이어라

자그맣고 예쁜 별이 떨어져 있었다. 녹색 바탕에 연노랑 무늬가 박힌 잎 사이, 기다랗고 가는 줄기에 작은 여러 개의 꽃송이가 하나로 뭉쳐 매달려 있었다. 핑크색으로 오각형 모양인데 아기가 주먹을 꼭 쥔 양 오므리고 있더니 이튿날 아침 붉은색 별을 품고 활짝 피었다.

나는 이 꽃의 이름을 몰랐다. 오래전 양란 화분이 선물로 들어왔는데 그 화분의 곁들이로 심겨져 있어 양란이 지고 난 후, 이 식물도 함께 버릴까 하다가 싱싱한 잎을 보고 작은 화분에 옮겼다. 그리고 화분들 뒤쪽 한 귀퉁이에 놓고 아끼는 화분에 물 주면서 남은 물 한 방울 조르르 흘려주었던 식물이다. 나는 그동안 홀대하고 이름조차 몰랐던 미안한 마음에 화분을 거실 탁자로 옮겨 놓고 물을 더 주어야 할지, 분갈이를 하여 멋진 화분에 옮기고 영양

제를 듬뿍 주어야 할지 갈등을 했다. 그러나 무엇보다 그 꽃의 이름을 알아내는 게 더 급했다. 선배언니에게 사진을 찍어 보냈더니 잘 모르겠단다. 가까운 화원을 두고 시간을 허비했다 싶어 부랴부랴 가서 똑같은 식물을 가리키며 물었더니 '호야'란다. 꽃말이 '아름다운 사랑'이라나? 이름도 예쁘고 꽃말도 마음에 들었다. 더구나 꽃이 질 무렵이면 신기하게도 오무려진 꽃잎 한가운데 꿀방울을 품고 있었다.

다음날. 카톡에 올린 사진을 본 지인이 문자를 보내왔다. '우와~ 호야 꽃을 피우셨네요. 그 꽃 피워내기 아주 어렵거든요.'라고. 이 글을 본 나는 큰 복이 들어온 것 같은 기쁨과 귀찮아 잘 돌보지도 않았던 미안함이 교차되었다. 인간인 내 마음이 호야만 못한 듯싶어 내심 부끄럽기만 했다.

그 후로는 틈만 나면 옆에 가서 들여다보고 향기도 맡아보고, 또 옆가지에 연한 순이 뾰족뾰족 돋아나는 것을 보며 계속 피어날 꽃에게 염치없이 욕심 많은 기대를 해본다. 많이 많이 피어서 좋은 일이 많이 생기라고.

한편 관심도 갖지 않고 있다가 꽃이 핀 것을 보고서야 호야꽃을 애지중지하고 계속 꽃을 피울 것을 기다리는 내 얄팍한 마음이 생각할수록 부끄럽다. 이제부터라도 나는 누군가에게, 또 무엇인가에 미처 건네지 못한 손을 내밀어 흐뭇함과 기쁨을 주는 존재가 되어야겠다는 생각을 한다.

아! 꽃은 별이어라.

불꽃놀이 2005

그녀와 나랑은

그녀와 함께 도착한 후쿠오카의 하카타 공항은 작았지만 깨끗하고 아담했다.

5월을 바라보는 오늘, 그녀와 나는 2박 3일의 여행을 하게 되었다. 그녀는 나보다 어렸고, 여자인 내가 보기에도 날씬하고 자그마한 체구에 세련된 미모를 갖춘, 누가 봐도 보호해주고 싶은 마음이 생기는 귀여운 여인이었다. 밝게 웃으며 나누는 이야기들은 나의 기분을 유쾌하게 만들었다.

그녀와 함께 예약된 호텔로 가서 체크인하고 나니 어느새 주변에 어둠이 깔리기 시작했다. 저녁도 먹을 겸 가까운 캐널시티로 갔다. 캐널시티는 내부에 구불구불 흐르는 인공 운하가 있고 주변에 호텔, 극장, 레스토랑, 쇼핑몰이 어우러져 있는 복합시설이어서 평소엔 많은 사람들로 북적대는 곳이라는데 그날 저녁은 왠지 한적하고 썰렁했다. 그녀는 여러 번 이곳을 여행 왔었던 터라 이곳 지리에 밝아 내 손을 잡아끌며 안내를 해 주었다. 어디엔 무엇이 맛있고, 어디엔 애들 용품이, 그릇은 어디 가면 예쁜 게 많고 등등.

배가 고파 저녁을 먹기로 하고 여기저기 식당가를 기웃거리다 결국 피자집으로 갔다. 사람이 많아 겨우 자리 잡고 앉아 일본어를 모르니 메뉴판의 사진을 보며 어림짐작으로 두 개를 주문했다. 피자는 사이즈가 작은 접시 크기에 우리나라의 짬짜면처럼 절반은 가지, 토마토가 토핑 돼 있고 반쪽엔 브로콜리와 안초비(우리의 멸치젓)가 얹혀 있어 독특한 맛을 냈다. 그녀는 나와 달리 새 모이처럼 먹고 앉아 잘 먹는 내 앞으로 접시를 밀어주었다.

다음 날 오전, 우리는 가까운 노코노시마 섬에 가기로 했다. 이곳은 외지에서 온 관광객들은 아직 잘 모른다고 했다. 택시를 타고 해변인 마리노아 지역으로 가서 페리를 타고 10여 분 정도 가니, 섬에 도착했고 거기서 또 셔틀버스를 타고 산 정상으로 올라갔다.

온 산이 꽃으로 덮여 있었다. 여기는 봄엔 수선화, 진달래, 철쭉, 여름엔 해바라기, 가을엔 코스모스 꽃밭이 장관이라고 했다. 우리의 눈앞엔 양귀비과의 포피, 하얀 마가렛, 진홍의 철쭉이 한창이었다. 사이사이 푸른 풀밭에 예쁜 모양으로 가다듬은 나무들과 이름 모를 야생화도 펼쳐져 있었다. 처음 들어올 땐 입장료가 조금 비싸다는 생각을 했는데 눈앞의 아름다운 광경에 입을 못 다물고 탄성을 질렀다. 우리는 넓은 잔디밭 고목나무 아래 벤치에 앉아 바다를 바라보며 이런저런 얘기를 나누며 시간 가는 줄 몰랐다. 그 섬을 나오며 그곳에서만 맛볼 수 있다는 사이다와 햄버거를 맛보았는데 야릇한 향 때문에 우리 입맛에는 맞지 않았다.

노코노시마 섬에서 나와 텐진 역으로 출발. 먼저 점심을 먹기로 했다. 집에 남아 있는 그녀의 남편이 마치 원격조정을 하듯 어디에 가서 우동을 먹고 어디에 가면 맛있는 게 요리를 먹을 수 있다고 알려준 걸 참고 삼아 점심은 우동을 먹기로 했다. 조금 헤매다 찾아간 그 우동집은 손님이 가득 차 있었다. 맛이 있다고 소문난 집이라 번호표를 받고 순번을 기다렸다 먹는단다. 그날은 조금 늦은 시간이라서인지 남은 한자리를 차지할 수 있었다. 주문한 주 메뉴 외에 유부초밥이랑 어묵 등은 자유롭게 가져다 먹고 계산할 때 추가시켰다. 내가 주문한 것은 명칭은 잊었는데 삶아낸 하얀 우동국수를 간장 소스에 적셔 먹는 것으로, 우동의 쫄깃한 면발과 씹을수록 고소한 맛, 그리고 상큼한 간장소스가 어우러져 오래도록 맛의 여운이 나를 감쌌다.

그녀의 남편 덕분에 맛있는 점심을 먹고 텐진 역 주변을 구경했다. 이곳은 후쿠오카 중심으로 큐슈의 최고의 상업지역이란다. 지하상가, 백화점, 쇼핑몰로 이어져 있어 많은 사람들이 왕래하고 화려한 물건으로 채워져 있어 윈도우 쇼핑하기엔 안성맞춤이었다. 특히 아케이드 형태의 '간코도리'는 지붕이 있어 비나 눈이 와도 쇼핑하기에 좋고, 각종 상점의 다양한 물건이 우리의 눈을 끌었다.

그러나 우리나라 물건도 좋은 게 많고 비슷한 형태의 쇼핑몰도 있어 선뜻 사고 싶은 건 없었다. 그래도 빈손은 서운할까봐 외손자 줄 선물과 앙증맞은 모양의 화과자 몇 개를 샀다.

어느새 이틀이 훌쩍 가버린 저녁. 내일이면 떠난다 생각하니 뭔가 또 다른 추억을 남겨야 할 것 같아 어두워진 거리에 줄 늘어선 이자카야(선술집)를 찾았다. 생맥주를 앞에 놓고 우리는 세상 돌아가는 얘기, 서로의 얘기를 나누었다. 그녀는 쉰이 넘은 지금까지 가족만을 위해 헌신했단다. 집안일은 누구의 도움도 받지 않고 육아, 청소, 빨래, 요리까지 직접 해야만 직성이 풀려 거의 집안에서만 시간을 보냈는데 요 근래에 와서 이렇게만 살아온 게 조금 억울한 느낌이 들어 가끔은 집 안 일에 손을 놓고 여행도 다니고, 친구도 만나고, 운동도 하다 보니 이렇게 재미난 세상도 있었나 싶다고. 그녀와 나랑은 친구의 친구를 통해 알게 되었는데, 몇 번 만나고 죽이 맞아 친구를 젖히고 둘이서 여행까지 오게 된 걸 보면 전생에 어떤 인연이 있었나 보다.

후쿠오카의 밤은 깊어가고 그녀와 나랑은 발그레 해진 얼굴로 가로등이 빛나는 길을 걸으며, 스물아홉의 나이로 후쿠오카 형무소에서 순국한 윤동주 시인의 〈별 헤는 밤〉을 나지막이 읊조렸다.

……………………

별 하나에 추억과

별 하나에 사랑과

별 하나에 쓸쓸함과

별 하나에 동경憧憬과

별 하나에 시와

별 하나에 어머니, 어머니

……………………

어딘가로 떠난다는 건 나를 설레게 한다. 가끔 하늘을 나는 비행기만 보아도 내 마음은 어느새 여행길에 앉아 있으니까. 이번 여행은 마음이 맞는 친구와 짜인 틀을 벗어나 발길 가는 대로 구경하고, 서로의 내부에 가라앉은 떼어지지 않는 응어리들을 풀어내기도 하고 토닥거려주기도 하면서, 모처럼 복잡한 일상을 벗어난 편안한 여행을 했다. 그녀와 나랑은 오래도록 잊지 못할 잔잔한 추억을 안고 서울로 향하는 비행기 트랩에 올랐다.

보이지 않는_소곤소곤 2017

5부

삶의 흔적을 지우는 남자

"부모의 내리사랑은 한이 없지만 자식들의 치사랑은 기대할 수가 없습니다."

화면에 비친 젊은 남자는 이런 말을 하며, 본인은 고인의 삶과 죽음의 흔적을 말끔히 지우는 직업인 '유품 정리업체' 사장이라고 했다.

어느 날 아침, 우연히 TV 뉴스를 보다가 저런 직업도 있었나 싶어 하던 일을 멈추고 끝까지 시청을 했다. 그가 의뢰를 받고 들어서는 집의 유품을 보면 고인의 삶을 어림짐작할 수 있단다. 의뢰인 절반 이상은 독거노인인데 유품을 정리해서 멀리 떨어져 사는 자식들에게 전할 건 전하고 나머진 모두 태워서 하늘로 보낸단다. 대부분 자식이 먼저 가면 부모는 직접 치우고 정리를 하지만, 부모가 가시면 자식들은 선뜻 나서질 않고 나중에라도 법적인 효력이 있는 계약서나 통장, 귀중품 등만 챙기고 고인을 추억할 수 있는 유품은 안 가져간다고. 그는 고인의 남겨진 흔적에서 자식들에 대한 애끊는 사랑과 그리움을 감지할 수 있어 늘 마음이 아프다고 했다.

갑자기 가슴이 찡해지며 내 삶을 들여다본다. 지금까지 난 어떤 딸, 아내, 그리고 어떤 엄마로, 친구로 비춰졌을까. 내가 죽음을 맞이했을 때 나의 자식들은 나의 흔적을 어떻게 지울까? 차마 버리지도, 그렇다고 간직하기도 힘든 그 무엇이 있어 애들이 마음에 부담을 갖는다면 어쩌지? 그렇다면 난 모든 걸 내 손으로 미리 정리하는 게 좋지 않을까? 많은 물음표가 이어진다.

일전에 사랑하는 남편을 갑자기 여읜 친구를 위로 차 찾아갔다. 그녀는 방 하나 가득 남편의 흔적을 쌓아놓고 매일 쓸고 닦으면서 고인이 된 남편의 사랑을 더 실감하며 지낸다 했다. 남편의 사진, 손때 묻은 책, 쓰던 물품들을 그분이 살아계신 양 애지중지 간직하고 그리움 속에 살고 있었다. 자녀들을 다 출가시키고 홀로 사는 그녀는 오로지 남편만 의지하던 터라 상실감이 더욱 커서 남편의 부재不在가 실감이 나질 않는다고 했다. 거의 외출을 삼가고 집 안에만 있는 그녀는 말했다. '갈 날이 언제인지 알 수 있다면 주변 정리를 미리 할 수 있어 좋을 텐데….'라고.

몇 해 전 아흔다섯의 연세로 뇌수술을 받고 거뜬히 일어나신 어머니도 이미 오래전에 옷이며 이불, 패물까지 모두 주변에 골고루 나누어 주고 오래도록 끼고 계신 금반지와 외출복 몇 가지만 남기셨다. 그리고 매일 '이젠 짐밖에 안 되는 존재이니 어서 떠나야 할 텐데 언제나 부르실라나?'를 되뇌이신다.

모든 사람의 삶과 죽음의 시간은 신神만이 알 텐데 내 삶의 지점은 어디쯤 와 있을까? 지금까지 살아온 날에 비해 앞으로 살날이 짧음은 당연지사, 언제부터 정리를 시작할까? 무엇은 남기고 무엇은 버려야 할까? 내가 이 세상에 존재하지 않는 상황에서 나와 연관된 모든 게 자식들에게는 존재가치가 없으리라. 그야말로 본인들에게 쓸모 있는 물품이나 경제적인 도움 외에는 무슨 의미가 있으랴.

오늘부터 내게 숙제가 주어진 것 같다. 하루하루 기쁘고 뜻있게 살면서 버릴 것과 남길 것을 분류하고 정리하는 일…. 돌아보면 내겐 아름답고 값진 추억이지만 나 외에 다른 이에겐 필요 없는 것일 텐데, 버리자니 아깝고 간직하자니 결국 언젠가는 폐기해야 할 것들이 너무 많다. 그냥 모든 것 다 버리자. 다만 '나를 가끔은 그리워하고, 가끔은 꼭 필요한 사람이었는데 하며 아쉬워하고, 내 삶의 자세를 본받고 싶다는 자손이 있다면 좋겠다.' 하고 바라는 것은 어떨까. 그런 생각도 버려야겠지. 하긴 이름을 남길 만한 그 무엇도 없는 평범하디 평범한 내 삶이 무에 그리 존경 받을만 하다고 그런 바람을 하겠는가. 다 그만두고 무엇보다 내 진정한 마음, 모두에게 쏟아 부었던 내 사랑만이라도 오래도록 간직해주었으면 싶다. 하지만 이것마저도 헛된 꿈이리라.

잘생긴 유품 정리업체 사장의 눈에 고인 눈물을 보며 갑자기 서글퍼지는 아침, "그대가 헛되이 보낸 오늘은 어제 죽어간 이가 그토록 그리워하던 내일"이라는 랠프 · 에머슨의 글을 떠올려 본다.

FALLING 2015

내가 하고 싶은 것들

최근 유행하는 신조어로 욜로YOLO 라는 말이 있다. "You Only Live Once" 의 앞 글자를 딴 것으로 "너의 인생은 오직 한 번뿐" 이라는 뜻이다. 다시 말하면 내가 내 삶의 주인공이 되어 현재의 행복을 위해 후회 없이 즐겁게 살 수 있는 일을 다 한다는 것이다.

가만히 생각해 본다. 나도 적잖은 세월을 살았는데 앞으로 내게 기쁨을 주는 삶을 영위하기 위해 무엇을 해야 할까.

제일 먼저 하고 싶은 건 나만의 수필집을 발간하고 싶은 것이다. 여고시절부터 좋은 글을 쓰고 싶었던 욕망을 갖고 있었지만, 살기에 바빠서라면 궁색한 변명 같아도 나만을 위한 시간을 할애하기가 어려웠다. 애들이 초등학교 들어갈 무렵, 유 안진 선생님의《지란지교를 꿈꾸며》가 많은 사람들에게 회자되었고 내게도 작은 씨앗 하나를 심어주었다. 시처럼 고운 수필을 읽으며 정감 어린 글의 전개에 '나도 저런 마음이야.'라는 감탄이 절로 나왔었다. 그 씨앗이 싹트면서 나이 오십이 넘어서야 우연히 '수필쓰기' 강의를 듣기 시작했다. 이제야 수필집 발간의 기회는 한 발짝씩 가까워졌는데 부끄럼이 앞서 주춤거려진다. 그러나 이왕에 글쓰기를 시작했고, 내 나름의 삶의 완성을 위해서라도 작은 이름이지만 남기고 싶다. 누군가 내 글을 읽고 공감하고 감동을 할지, 혹은 비판을 할지 모르겠지만 나는 나이고 싶다는 것을 수줍게 내놓으리라. 나는 지적이고 심오한 글보다는 나의, 내 주변의 이야기, 따뜻한 사람들, 힘들고 지친 사람들의 이야기를 진솔하게 쓰고 싶다.

다음은 합창단원이 되어 노래를 부르고 싶다. 초등학교 시절 방송국 합창단으로, 중 · 고등학교 때는 합창반원으로, 대학시절엔 교회 성가대원으로 독창이 아닌 합창단원의 일원으로 알토 파트에서 노래했던 그 시절에 대한 그리움이 남아 있었다. 결혼하고 애들이 어렸을 때 교회 성가대를 하라는 권유는 받았지만 딸애가 입시 준비한다고, 그러다가 아들애가 입시라고 사양했고, 또 애들이 결혼하고 손주가 생기니 바쁘다고…. 그렇게 미루고 미루다 보니 이젠 지하철도 공짜로 타고 다니는 나이가 되어버렸다. 이 꿈은 접어야겠다 싶던 어느 날, 교회 주보의 알림난에 '은파 합창단'모집 광고가 눈에 띄었다. 자격은 육십 세 이상이면 된다고. 이번엔 누구의 권유도 없이 내 발로 들어갔다. 스무 명이 채 안 되는 단원들이 모여 즐겁게 찬양하는데 젊은이 못지 않는 기백과 젊은 시절 미모가 출중했을 모습들에서 온화함과 저력을 느꼈다. 이과수폭포 앞에서 폭포를 제압하며 노래를 불렀다는 지휘자님의 손끝 따라 힘차게 울려 퍼지는 합창은 내게도 기쁨과 활력을 주었다. 그렇다. 오랫동안 마음속에 담아두고 때를 기다렸던 지금이 늦은 것만은 아니라고 생각하면서 내 머리카락이 은발이 되어도 은파 합창단에서 열심히 노래 부를 것이다.

욕심일지 모르겠지만 기타도 배우고 싶다. 대학 때 친구들과 기타 코드를 그려서 익혀 코드만 눌러 리듬을 맞추며 모여 앉아 캠프 송을 불렀던 기억이 아득하게 떠오른다. 정식으로 배운 게 아니라서 어디서든 자신 있게 칠 실력은 못되어 결혼 후 신혼집 집들이에서 신랑을 다루는 바람에 서투르게 기타 치며 노래 불렀던 것이 마지막이었다. 그 후 여러 번의 이사를 거치면서도 기타는 버리지 않고 가지고 다녔다. 언젠가는 다시 쳐 보리라 생각하고 지냈기에 손주들이 생기고 녀석들이 장난감처럼 가지고 놀면서 기타 줄이 한두 줄 끊어져 버렸는데도 나는 기타를 버리지 못하고 있다. 이젠 기타의 줄을 끼우고 손을 보든지, 아니면 새것으로 사든지 해서 옛날에 그려두었던 코드를 보고 기타를 치면서 그 시절의 노래를 부르고 싶다.

그 다음은 여행을 많이 다니고 싶다. 나는 삼십 대에서 오십 대를 지나는 동안 참 많은 국내외 여행을 했다. 동창 친구들이나 애들이 초 · 중 · 고를 거치면서 친해진 학부형들과 여행을 다녔다. 다녀오면 또 경비를 모아서 가고….

캐나다 록키의 밴프 국립공원과 레이크 루이스의 옥색 물빛은 잊을 수가 없고, 어머니와 함께 다녀온 이스라엘 성지 순례도 기억에 오래 남는다. 스페인 남부의 그라나다의 알함브라 궁전은 이슬람 문화를 뚜렷이 볼 수 있는 웅장한 궁전이었다. 정원 곳곳에 잘 다듬어진 사이프러스 나무의 모양이 삼각형의 원추 모양으로 줄지어 서 있는 것은 마치 군인들이 사열하는 것처럼 인상적이었다. 무엇보다 보스니아의 작은 마을 메주고리예에서 본, 두 팔 벌리고 승천하는 예수상을 잊지 못하겠다. 청동으로 된 예수상의 오른쪽 무릎 밑에서 좁쌀알만큼 조금씩 물이 흘러나왔고 그 성수는 치유의 은사를 준다고 했다.

국내에서도 단종의 유배지였던 청령포, 섬진강 벚꽃 길, 제주의 올레 길등 아름답고 수려한 곳이 많았다. 많은 곳을 다니면서 각 지역의 특색과 독특한 풍경을 보면서 감탄했고, 여행을 하면서 내 맘 속에 담아둔 많은 기억들이 지금도 새록새록 솟아오른다.

아직 가보지 못한 곳들--브라질과 아르헨티나의 국경에 있다는 이과수 폭포, 페루의 사라진 잉카의 공중도시로 알려진 마추픽추, 아직은 자연 그대로인 초원에서 몽골 유목민들의 삶을 체험할 수 있고, 게르에 누워 별이 쏟아지는 것을 볼 수 있다는 몽골로 언젠가는 훌쩍 떠날 수 있으면 좋겠다.

'욜로'는 오늘을 즐기며 나만의 행복을 추구한다지만 항상 좋은 일만, 그리고 뜻하는 대로 살 수만 있겠는가. 때론 삶이 거칠고 힘듦에 좌절할 수도 있을 테고 그것을 이겨내어 목적하는 바를 성취한다는 것도 내 인생에 뜻있는 경험이리라. 결국 내가 가장 기쁠 수 있는 것은 그런 경험들이 삶의 지혜를 주었음에 감사하면서 값진 추억으로 마음에 간직하고, 내가 사랑하는 사람들과 함께 몸과 마음이 건강하고 편안한 나날을 보내는 것이 아닐까.

딸의 자화상 2015

두 친구

송파구 잠실동에 가면 만나 보고 싶은 두 친구가 있다. 문득 떠오른 친구 생각에 삼십여 년 동안 기억 저편에 묶어 두었던 보따리가 풀리면서 내 젊은 날의 흔적들이 피어오른다.

며칠 전 딸애가 잠실에 볼 일이 있다고 해서 내 차로 데려다 주었다. 마침 내가 결혼하여 딸애를 낳고 살았던 잠실 아파트를 지나게 되었는데 당시의 5층짜리 아파트단지는 간 데 없고 30층이 넘어 보이는 대단지로 바뀌어 그 위용이 대단했다. 목적지를 향해 차를 우회전하며 줄 늘어선 상가를 지나는데 내 눈에 반짝 들어와 박히는 이름 석 자를 보고 나도 모르게 급브레이크를 밟았다.

"아니, 이 친구가 여기서 살고 있었구나."

고교시절 이 친구는 이웃집에 살았다. 같은 교회를 다녔고 집안

끼리도 잘 알고 지냈다. 이 친구는 장로님 아들이어서인지 아님 원래 과묵한 성격이어서인지 말수가 적은 데다 무슨 말이라도 할라치면 얼굴이 먼저 붉어졌다. 그러나 성실하고 말없이 힘든 일을 솔선수범하는 모범생이었다. 고교를 졸업하고 이 친구는 의대에 다녔고, 나는 근처 다른 대학을 다녔다.

대학시절, 내가 싫다는데도 쫓아다니던 남학생을 스스로 단념시키긴 해야겠는데 마땅한 남자 친구도 없어서 이웃에 사는 그에게 구원을 요청했다. 그 남학생을 만나 '우리 두 사람이 가까운 사이'라고 얘길 해달라고. 지금 생각하면 참 유치한 발상이었다. 이 친구는 '픽' 웃으며 다른 군말도 없이 그러겠노라고 했다. 그러나 약속 날짜가 가까워 오자 이런 일로 이 친구를 끌어들이는 게 멋쩍고 미안해서 그냥 나 혼자 해결하겠다고 했다. 그때도 이 친구는 소리 없는 웃음만 남겼던 것 같다. 대학 졸업 후 내가 결혼하고 지금까지 이 친구를 만난 적이 없었다. 그렇게 30여 년이 흐른 엊그제, 그의 이름 석 자가 쓰인 병원 간판을 보고 나의 반가움은 얼마나 컸겠는가! 당장 전화를 할까 하다가 마음에서 작은 망설임이 일어나 일단 접어두기로 했다. 워낙 많은 세월을 뛰어넘었기에 이 친구의 반응이 어떨지 상상할 수 없었다.

또 한 친구는 대학시절 4년을 같은 강의실에서 공부하고 빈 시간이면 같이 어울려 다녔던 친구다. 그 친구와 함께 삼총사로 불리운

세 남학생과 나랑 내 친구들은 수업이 끝나면 곧장 집으로 들어가지 않고 모여서 기타 치며 놀고 맛있는 것도 먹으러 다녔다. 때론 학구적인 토론도 벌였고 당시 인기를 모았던 고교 야구도 라디오로 청취하며 응원의 열기도 함께했었다. 삼총사는 남학생인데도 술, 담배를 하지 않았고 예의바르고 순박한 모범생들이었다. 그런데 셋 중 그 친구와 더 가까웠던 것은 일 년에 한 번 발행되는 대학 학보의 편집위원으로 활동하게 되어 그해 겨울방학엔 거의 매일 함께 인쇄소로 출근하다시피 했기 때문이었다. 그 친구는 대학 졸업 후 두 번 만났다. 아니 세 번이다. 처음은 내 결혼식 날 삼총사가 반상기를 선물로 들고 왔었다. 30여 년이 지난 지금도 우리 집 찬장엔 간장 종지는 남아 있는데…. 그 후 딸애가 초등학교를 다닐 무렵, 내가 다니는 교회 행사장에서 우연히 부딪쳤고 세 번째는 10년 전쯤, 아들의 입시문제로 마침 그 대학 교수로 재직한다는 소식을 듣고 의논 차 대학의 교수실을 찾았었다. 대학시절 모습 그대로 덧니가 보일 듯 말 듯 환하게 웃으며 손수 커피를 타 주었다.

다시 내 생활 속에 빠져 정신없이 지내다가 얼마 전, 나의 유일한 단편소설이 실린 학보를 아무리 찾아도 보이질 않아 당시 편집을 맡았던 그 친구의 전화번호를 수소문해 통화를 하게 되었다. 모교에 재직 중이니 글을 찾아 봐 달라고 부탁하면서 제법 오랜 시간 통화를 했다. 당시의 삼총사는 이젠 불어난 식구들까지 함께 여전히 가까이 지내고 있었다. 셋 중, 일 년 휴학했다가 복학했던 윤 후배는 내 친구 동생과 결혼하여 지방의 국립대학 국문과 교수로 재직하고 있고, 가끔 중국사람 흉내로 우리를 웃겼던 '리 신따이'는 고등학교에서 국어선생님으로 재직 중이란다. 모두 자녀들을 출가시켜 할아버지가 되어 있었고. 우리는 더 늙기 전에 한 번 꼭 만나자며 전화를 끊었다.

아. 어느새 우리가 할아버지 할머니가 되었구나. 마음먹고 만나려면 만날 수도 있었을 텐데 각자 바뀐 삶의 터전에서 사노라 바빴다고 말하면 변명이 될까. 우리는 그냥 웃고만 스칠 사이도 아니고, 그렇다고 마음속에 꼭꼭 숨겨놓은 특별한 사연이 있었던 것도 아니다. 그렇지만 같은 시대를 같은 공간에서 더구나 가장 황금기인 꽃다운 시절에 학문을 토론하고, 1970년대의 시대상황을 고민하고, 그 시절의 문화를 같이했던 우리는 남자와 여자라도 친구일 수밖에 없다. 어느 날인가 만나게 되면 젊은 날의 고운 모습이 보이지 않아도, 나이 들어 배가 나왔어도, 허리가 굽었어도, 흰머리가 덮였어도 우리는 친구니까 서로 곱게 봐 주자. 우리, 향기론 차 한 잔 앞에 놓고 삼십여 년을 거슬러 올라가 볼까나.

송파구 잠실동엔 만나고 싶은 두 친구가 산단다.

바리바리-oranges 2011

아이구, 내 새끼…

"왜 서로 먹지?"

한참 인기리에 방영되던 드라마 〈응답하라 1994〉에서 남녀 주인공의 열렬한 키스 신을 보던 민영이가 무심코 던진 말에 우리는 웃음이 빵 터졌다. 입맞춤하는 게 서로 먹는 것으로 보였나 보다.

외손녀인 민영이는 네 돌이 가까워 온다. 갸름한 얼굴에 맑은 눈동자, 두루뭉술한 코, 앞니에 뾰족한 송곳니 하나가 더 자리 잡은 특이한 치아구조는 민영이를 장난꾸러기로 보이게 한다.

"민영아, 오늘 어린이집에서 뭐하고 놀았어?"

"승호랑, 라임이랑 소꿉장난하는데 규태가 나를 보고 환하게 웃어요."

네 살짜리 계집아이는 나중에 규태랑 결혼한단다. 에구, 그런 말은 섣불리 하는 게 아닌데.

인간의 기억은 어디서부터 시작될까? 나는 네 살 때의 기억이 첫 기억이다. 엄마는 나에게 보랏빛 꽃무늬가 있는 포플린으로 원피스를 만들어 입히고 교회에 데리고 갔다. 저녁 예배였는지 희뿌연 백열등이 켜진 예배당 안은 좁았지만 의자 없이 바닥에 앉은 교인들은 꽤 많았던 것 같다. 목사님 설교가 끝나고 나는 단상으로 올라가 노래를 불렀다. 지금 생각하면 특송이었다. 소개하시는 분은 나를 꼬마 가수라 했고, 나는 두 손을 꼭 쥐고 고개를 좌우로, 무릎을 굽혔다 폈다 하며 무슨 내용인지도 모른 채 또박또박 부르고 웃음소리와 박수소리를 들으며 단을 내려왔던 기억이 난다.

초등학교 들어가기 전이니까 대여섯 살쯤이었을까. 잠시 외가에 머무른 적이 있었는데 외할머니 댁은 넓은 텃밭이 있어 사철 온갖 채소가 풍성했고 주변의 감나무, 대추나무, 앵두나무에 얽힌 잊히지 않는 에피소드는 오래도록 내 추억 상자에 소중히 자리 잡고 있다. 특히 어른들이 부르는 대로 따라 불렀던 '김생'은 지게를 지고 다니며 온갖 허드렛일을 하던 할아버지 머슴이었는데 가끔 뒤꽁무니를 졸졸 따라다니며 지게에 태워 달라 졸라대기도 했었다. 장가를 갔었는지, 가족이 있는지는 몰랐지만 식사 후면 그늘에 앉아 바싹 야윈 체구에 앞니가 한두 개 빠진 채 기다란 곰방대에 연초를 꾹꾹 눌러 피던 선하디선한 김생이 가끔 생각난다.

눈이 유난히 예뻤던 외할머니는 깨끗이 손질한 모시 한복으로 갈아입고 나를 데리고 이모할머니 댁으로 나들이 가셨다. 잔치를 앞두었었는지 솜씨 좋은 외할머니는 여러 날 머무르시면서 유과랑 약과도 만들고 오징어로 공작새랑 여러 모양의 꽃들을 오리셨다. 지금의 민영이만 했던 나는 그 곁을 생쥐처럼 들락거리며 집어 먹던 부스러기의 맛을 지금도 잊을 수가 없다.

민영이는 자라서 나의 어떤 모습을 기억하게 될까. 어느 날 민영이 자전거에 다쳤을 때 가슴 조이며 병원으로 달려갔던 내 마음, 늘 건강하고 몸도 마음도 예쁘게 자라기를 바라는 내 마음을 알까. 민영인 소중한 것은 자기 생각주머니에 꽁꽁 넣어둔다고 하던데 가능한 좋은 기억을, 무엇보다 내가 저를 하늘만큼 땅만큼 사랑했었다는 것을 담아두었으면 좋겠다. 가끔 어린이집 차량을 타고 귀가하는 민영일 마중 나가면 함께 동승한 선생님께 "우리 할머니 최고로 멋져요."라고 자랑스레 말하며 차에서 내리기도 한다.

아이구, 내 새끼….

요즘 아이돌 가수들의 한류 열풍이 있는가 하면, 할아버지 할머니들의 손자 교육으로 '할류 열풍'이 분단다. 누구나 내 새끼는 천재로 보이고 최고로 잘나 보여서, 친구들과 만나면 손자 자랑 일색인데 나도 예외 없이 그중의 하나인가보다. 손가락을 펴 보이며 하나부터 열까지 세는 것도 그렇고, 열셋 다음에 열다섯으로 건너뛰어도 대견하고, 요즘 〈겨울왕국〉의 엘사가 부르는 〈렛잇고〉를 엉터리로 따라 부르는 걸 봐도 그저 예쁘기만 하다.

며칠 전엔 같이 놀다가 잠시 쉬려고 비스듬히 앉아 있었는데 내

곁으로 다가온 민영이 갑자기 내 배를 만지더니 “할머니, 뱃속에 애기 들어있어요?” 했다. 화들짝 놀라 자세를 고쳐 앉으며 아랫배에 힘을 꽉 주고 집어넣으며 “아냐, 아냐.”를 연발해 보았지만 민영의 눈은 여전히 내 배를 보며 확신에 찬 눈초리를 보였다. 에구~ 살을 좀 빼야겠네.

어느 날은 제 에미가 몸이 아프다고 방에 들어가 누워 있는데 민영이 조용히 들어오더니 머리맡에 무언가를 놓으며 “엄마, 내가 여기 놔둔 걸로 엄마 사고 싶은 거 사세요. 비싼 걸로.” 그것은 백원짜리 동전 한 닢이었단다.

아이구, 내 새끼….

낮잠, 둘째 2015

어머니의 나무

"아흔다섯 살이나 된 사람이 그립고, 보고 싶다고 해서 어쩌까?"

어머니는 두 달 전 뇌수술을 해주신 신경외과 과장님 손을 꼭 잡고 눈을 바라보며 마치 오랜만에 만나는 연인처럼 말씀하셨다. 퇴원 후 집에서 기력을 회복하고 첫 외출을 하시던 날, 병원엘 먼저 가자고 하셨다. 수고하셨던 의사 선생님, 간호사 선생님들이 보고 싶다고.

2011년 10월 2일 일요일 아침, 전화를 받았다. 간밤에 어머니가 말이 어눌해지며 팔도 마비가 오는 것 같아 입원을 하셨다고. 서둘러 병원에 와서 어머니를 뵈니 발음이 풀려 하시는 말씀을 잘 알아듣지 못하겠고 평소와 확연히 다른 모습에 적잖이 놀랐다. CT와 MRI를 찍고 주사를 맞으며 시간이 흐르니 오후부터는 다행히 발음이 좋아졌다. 언제인지 어딘가에 부딪쳐 뇌출혈이 있었다는 검사 결과를 어머니는 모르는 일이라며 눈만 껌벅이셨다. 과장님은 약물로 출혈된 것을 녹여 흡수가 잘되면 상태가 좋아질 것이니 경과를 지켜보자고 했다. 크게 걱정은 하지 않아도 되는 것 같아 마음이 놓였다. 그러나 일주일이 지나자 오른쪽 팔에 힘이 빠지고 말도 더 어눌해지며 어머니의 병세가 악화되기 시작했다. 아무래도 수술을 해야 한단다. 우리 가족은 연세가 워낙 고령이라 염려도 됐지만 의사이신 형부는 그래도 하는 게 낫겠다는 결론을 내리시고 하나님과 집도하는 의사선생님에게 맡기자고 했다.

10월 12일 어머님의 수술이 진행되는 서너 시간을 온 가족이 모여 조용히 주님께 기도드리며 기다렸다. 수술을 마치고 중환자실로 옮기신 어머니는 다행히 수술이 잘되어 사흘 만에 병실로 돌아왔다. 혼자서도 걷는 운동을 열심히 하셨고, 누구의 도움 없이 식사도 잘하셨다. 회복이 빨라서 수술부위의 실밥도 빼고 항생제 주사도 놓지 않았다. 회복중인 병실에서 손자며느리가 준비해온 케이크를 놓고 95세 생일축하도 해드리고, 곧 퇴원할 수 있으리라는 기대로 며칠을 보냈다.

그런데 웬일일까. 갑자기 또렷해지던 발음이 다시 어눌해지고, 몸도 스스로 가누질 못해서 화장실 갈 때면 두 사람이 부축하여 다녀와야 하는 상황으로 바뀌었다. 과장님은 수술 후 뇌가 정상적으로 펴지고 공간이 생겨야 하는데 고인 물이 흡수가 안 된 채 그대로 있어 그 고인 물을 빼내려면 재수술이 불가피하다고 하셨다. 우리 가족은 연세를 생각하며 망설임이 있었지만 더욱 악화될까 봐 결국 재수술을 하기로 하고 새벽부터 온 식구가 모였다. 침대에서 잠드신 어머니를 보고, 우리는 밖으로 나와 이런저런 이야기를 나누다 병실로 들어가 보니 부축해야만 거동을 하셨던 어머니가 화장실에 계셨다. 혼자 일어나서 화장실을 가신 것을 보고 우리는 깜짝 놀랐다. 정확한 발음으로 우리의 이름도 불렀다. '아! 하나님 감사합니다. 이런 기적이 일어나다니요.' 거의 정상에 가까운 몸짓과 말투였다. 수술을 하기 위해 오신 과장님도 놀라서 수술을 보류하고 지켜보자고 하셨다.

어머니는 그날 이후 하루가 다르게 회복되셨다. 환자 옷도 혼자 갈아입으시고 걷는 것도 부축 없이 스스로, 식사도 혼자서 하셨다. 어느 날 나는 병원 측에 허락을 받고 시험 삼아 외출을 시도했다. 환자 옷을 벗고 손녀랑 증손자들이랑 근교로 드라이브를 가는 동안 꼬마들의 재롱에 파안대소破顔大笑를 하셨고, 바람에 우수수 떨어지는 은행잎을 보며 눈 내리듯 떨어진다고 좋아하셨다. 외출에서 돌아와서도 컨디션이 좋아서 안심이 되었다. 집에 가고 싶어 안달을 하시던 어머니는 입원한 지 한 달여 만에 퇴원을 하셨다.

어머니가 아흔다섯의 연세에도 이리 회복될 수 있었던 힘은 어디에 있었을까. 나는 놀라운 기적 앞에 무엇보다 먼저 하나님께 감사드리고, 입원에서 수술까지의 결정에 심혈을 기울여 애쓰신 형부와 수술과 진료로 어머니를 회복시켜주신 신경외과 과장님과 정성을 다해 보살펴 준 간호사 선생님들께 진심으로 감사의 마음을 보낸다.

그렇게 또 해가 여러 번 바뀌고 백 세를 넘기신 어머니는 어떤 후유증도 없이 건강하게 잘 지내고 계신다. 늘 자손을 위해, 주위의 어려운 이웃을 위해 기도와 베풂을 아끼지 않으셨던 어머니. 어릴 적 올려다봐야 했던 커다란 몸집이 어느새 내 눈높이 아래 자리 잡아, 안아드리면 넉넉히 내품에 들어오는 어머니. 요즘은 긴 세월 당신이 겪었던 희로애락喜怒哀樂이 이젠 커다란 이야기보따리가 되어 그날그날을 되새기며 웃었다, 눈물짓다를 되풀이하시는 어머니. 올곧고 착한 심성으로 자신보다 남을 더 배려하며 사셨던 어머니의 품성은 오늘의 우리 가족을 있게 한 뿌리인 것이다. 견고한 뿌리가 된 어머니의 나무는 튼튼한 가지를 뻗고 또 그 가지에 반짝거리는 새잎들이 돋아나고 있다. 오래도록 푸른 잎이 무성하고 예쁜 꽃들이 피어날 어머니의 나무는 영원히 우리의 버팀목이 될 것이다.

할머니의 기도　2015

리플레이(Replay)

예쁜 딸기 케이크를 하나 샀다. 누구의 생일이나 기념일도 아닌데 나를 위해 생일 초까지 받아 들었다. 집에 돌아와 텅 빈 거실에 혼자 앉아 케이크에 불을 켜고 촛불이 흘러 녹아내리는 것도 모른 채 깊은 생각에 잠겼다.

창밖에는 겨울이 시작 되는 듯 눈발이 날리는데 내 마음은 자꾸만 어느 가을로 되돌아가고 있었다.

골프 치기에 딱 좋은 날이었다. 고교 동창생들과의 한 달에 한 번 정기적인 회동이라 부담 없이 가을 풍경에 젖어 골프를 치고 있었다. 갑자기 누군가의 골프백에서 흐릿하게 들려오는 전화 벨 소리에 고개를 돌렸더니 캐디가 나에게 전화를 건네주었다. 다급한 남편의 목소리가 전화기를 통해 들려 왔다. 빨리 애들에게 연락하여 집으로 오도록 하고 간단한 짐을 꾸려 집에서 나오라는 것이었다. 나는 나인 홀을 마치고 친구들에게 급한 일이 생겨 먼저 가겠노라 하고 골프장을 정신없이 빠져나왔다. 두려움으로 온몸에 힘이 빠져, 가까스로 운전을 하며 애들에게 K 일행이 집으로 들이닥친다 하니 급히 집으로 오라고 알렸다.

K. 그는 조직 폭력배의 두목이다. 남편은 수년 전, 지방도시에 자그마한 호텔을 신축하게 되었다. 친구였던 건축주로부터 공사비를 현금 대신 약속어음으로 받고 시공을 했는데 완공이 되어 지급기일이 되자 그 친구는 부도를 내고 도망가 버렸다. 결국 소송을 하여 승소를 했으나 신축 건물엔 온갖 종류의 가압류와 밀린 세금 등이 붙어 있어 공사비를 찾으려다 혹을 더 붙인 격이 되었다. K는 당시 건물 일부를 임대하여 사용하고 있었는데 건축주에게 지불했던 보증금을 재판에 승소했으니, 우리가 내놓아야 한단다. K와 그의 부하들은 떼 지어 회사로, 집으로 불시에 찾아와 공포감을 조성하며 협박하는 것이었다. 드라마나 영화에서만 보았던 폭력배들과 직접 상대하게 된 우리는 그들의 협박처럼 쥐도 새도 모르게 어떻게 될까 봐 전전긍긍하며 하루하루를 보냈다. 그러다보니 화도 나고 억울하기도 했다. 남편은 "건축비도 못 받은 내가 지불할 의무가 없다." 해도 막무가내로 사무실에 진을 치고 앉아 일을 볼 수 없게 만들고 심지어 퇴근 후에도 따라붙어 남편은 집으로 들어오지 못하고 그들과 함께 호텔에 묵기도 했었다. 몇몇

지인들에게 어드바이스를 구했지만 상대가 폭력배인지라 시원한 답이 안 나왔다. 무서워 고발도 못하고 견디다 못해 결국 일부를 지불해주고 나머지는 건물이 제대로 정리되면 해결하자고 합의를 보았다. 그러나 그 건물은 IMF의 영향으로 팔리질 않아 경매에 넘어갔는데 워낙 헐값에 낙찰이 되어 건축주의 빚도 다 청산하지 못했다. 우리는 건축비를 한 푼도 못 받았을 뿐만 아니라 도리어 그 건물에 부과된 세금까지 우리가 부담하게 되었다. 그로부터 삼사 년이 지난 오늘, 그들이 다시 나타났다니…. 당시의 공포가 되살아나며 어찌할 바를 몰랐다.

집에 도착하자 가방에 간단한 짐을 꾸리고, 때 맞춰 도착한 애들에게도 학교생활에 필요한 책만 급히 챙기도록 하여 아파트 뒤편 주차장으로 나왔다. 내 차가 앞서고 남편이 뒤따라 주차장을 빠져나오려고 하는데 새까만 승용차 한 대가 바로 내 앞을 스쳐 지나갔다. 차 안엔 까만 양복을 입은 그들 일행이 타고 있는 게 아닌가. 순간 어찌나 떨리든지 움직일 수가 없었다. 간신히 정신을 차리고 그들의 차가 반대편 주차장으로 접어들자 정신없이 달렸다. 마치 영화 속의 주인공처럼 아슬아슬한 탈출을 했던 것이다. 이번엔 남편도 억울하게 돈을 내놓지 않으리라 마음먹고 경호원까지 채용했다. 식구들도 집을 피해 게스트하우스에서 며칠을 지내야 한단다. 삼사 년 전, 그들이 필름 한 통을 내보이며 '이 속에 주위 친척들의 정보가 다 들어 있다.'고 협박한 때문에 친척집으로도 갈 수가 없었다. 집이 아닌 게스트하우스에서 며칠을 묵으면서 애들은 학교로, 남편은 회사로 나다녔다. 우리가 집까지 비우자 그들은 두어 차례 딸애의 학교까지 찾아가 위협하려 했지만 딸과 엇갈려 직접 맞닥뜨리지는 않았다. 어쨌든 애들에게까지 손을 뻗치자 더 이상은 참을 수 없어 검찰에 고발을 했다. 아무려면 법치국가에서 억울한 사람 편이 되지 않겠나 싶어서였다. 다행히 그 후론 잠잠해졌고, 완전히 그들로부터 벗어날 수 있었다. 당시엔 전화벨이나 현관의 초인종 소리만 울려도 깜짝깜짝 놀라고, 집에 혼자 있게 되면 무서워 일이 손에 잡히지 않았었다.

생각해 보면 나의 생애에서 가장 힘들고 고통스러운 순간들이 나에게 겸허함을 가르쳤고, 세상이 만만치 않음도 알게 하였다. 세상엔 착한 이들도 많지만 나쁜 사람도 있다는 걸 알았다. 잘산다는 게 물질이 풍요로운 것만은 아니라는 것도 깨달았다. 무엇보다 어려움을 겪을 때도 흔들리지 않고 제 할 일하며 곁에서 버팀목이 되어준 아들, 딸은 가장 큰 힘이었음을 알았다. 나는 홀로 케이크를 먹으며 옛 노래를 부른다. 그리고 새해의 바람도 생각해 본다. 새해엔 내 삶의 수레에 무얼 담을까? 오래도록 기쁨과 평안을 줄 수 있는 게 무엇일까? 어떻게 사는 게 바람직한 삶일까? 아직도 내 인생은 왜 이렇게 물음표가 많을까? 한 해의 끝자락에 서자 많은 생각들이 교차한다.

어느새 딸기 케이크는 반으로 줄어 있다. 아휴, 이러니 살이 찔 수밖에….

비오는 날 2007

6부

아름다운 꿈꾸기

봄바람이 살랑 불고 벚꽃 잎이 흩뿌리는 고운 계절이다.

"엄마, 어떤 드레스를 입어도 엄청 이뻐요."

아들로부터 카카오 톡이 왔다. 오늘은 하루 종일 신부의 웨딩드레스를 고르기 위해 여러 곳을 다녀야 한다며 오전에 나갔는데, 신부가 얼마나 이뻤으면 웬만해선 표현을 잘 안 하는 녀석이 내게 이런 카톡을 보냈을까.

"나도 드레스 입으면 이뻐~. 하루 종일 데리고 다니면서 입혀 봐~."

야릇해진 내 마음을 담아 보낸 카톡에 바로 답이 왔다.

"엄마는 아빠랑 다니세요."

정신이 번쩍 들었다. 그렇구나. 내 짝은 아들이 아니라 남편이었구나.

아들이 나이가 들어가는데도 장가갈 생각을 안 해 걱정이었다. 그런데 작년 가을, 후배가 소개한 아가씨를 몇 번 만나 보고 마음에 쏙 든다면서 점점 빠져들어가더니 둘이 서로 좋아한다고 결혼을 하겠노라 했다.

신붓감을 내게 처음 소개하던 날, 나도 모를 설렘과 떨림을 안고 약속장소로 나갔다. 건물 입구 회전문을 들어서던 순간 꽃바구니를 든 곱고 맑은 얼굴을 보았다. 우리는 누구의 소개도 없이 마주 보고 웃으며 오래전부터 만난 사이인 양 손을 잡고 안으로 들어갔다. 아들의 말대로 예쁘고, 예의바르고, 차분한 몸짓이었다. 무엇보다 나의 펑퍼짐한 외모와는 달리 갸름하고 조그만 얼굴에 늘씬한 몸매는 여자인 내가 봐도 반할 만했다. 게다가 마음씨 착하고, 성실하고, 능력 있고, 아들이 좋아서 어쩔 줄 모르니 무조건 찬성이었다. 양가에서 모두 오케이를 하니 혼사는 일사천리로 진행되었다. 상견례를 하고, 예식장을 예약하고, 양가 어머니와 예비 신랑, 신부 네 사람은 봄꽃이 만발한 제주도로 여행을 떠났다. 맛집을 찾아다니며 식사를 하고, 유채꽃 향내를 맡으며 사진을 찍고, 민속 오일장에 들러 제주의 토속적인 맛을 보고, 바닷가 올레길을 산책하고, 벚꽃이 활짝 핀 꽃길을 드라이브하면서 사부인과 나는 어느새 언니, 동생이 되어 스스럼없이 많은 얘길 나누었다. 사부인도 참 미인이다. 나이보다 훨씬 어려 보일 뿐 아니라 여린 듯 가냘픈 체구지만 강인함이 엿보인다. 거기에 세련되고 지적인 외모와 쾌활한 성격이 금방 격의 없이 친해지지 않았나 싶다. 딸은 어머니를 닮는다 했으니 나는 며느리의 품성을 가늠할 수 있어 기분이 좋았다. 제주를 다녀와서 사부인과 나는 카톡을 주고받았다.

"내 동생이 된 사부인! 많이 피곤하죠? 바쁜 일상으로 돌아가도 늘 즐거운 마음으로 지낸다니 그나마 다행이에요. 제주 여행은 생각만 해도 웃음이 피어오르고 즐거웠던 순간들이 이제 추억이 되어 아련합니다. 언제부턴지 내 맘속에 작은 씨앗 하나를 심은 듯 간간이 들여다보게 되네요. 모든 게 감사할 따름입니다. 편안하고 기쁜 날 되시고 미약하나마 힘이 되고 싶은 나를 생각하며 잘 지내세요."

"언니가 된 사부인! ㅎㅎ 주말을 너무너무 잘 보내고 보니 슈퍼에너지가 쌓였습니다. 아침에 눈을 뜨니 다른 세상이 펼쳐진 듯한 느낌이었습니다. 제 인생에 최고로 멋진 여행을 할 수 있었던 것에 감사를 드립니다. 바쁜 일상 속에서도 제 삶이 크나큰 축복을 받고 있다는 생각을 하면서 감사한 마음으로 즐겁게 일하고 있습니다. 두 사람이 행복하게 잘 살 거라고 믿고, 많은 축복주시라고 기도드렸습니다. 즐겁고 행복한 한 주 되세요."

주위 친구들에게 좋은 사돈 만난 것을 자랑 삼아 얘기하면서, 내 마음은 며느리를 딸처럼 생각하고 이해하며 사랑할 수 있으리라 생각한다고 했더니 친구들은 도리질을 한다. 그런 환상에서 깨어나라고. 며느리는 결코 딸이 될 수 없다나? 예부터 전해오는 말에 봄볕엔 며느리 내보내어 일 시키고, 가을볕엔 딸을 내보낸다면서. 더욱이 딸집에 가면 팔 걷어붙이고 일하고 아들 집에 가면 두 손

놓고 소파에 앉아 쉬고 있는 게 시어머니 심사란다. 글쎄다. 이런들 저런들 나는 며느리나 딸이 손을 내밀면 기꺼이 도움을 줄 것이고, 딸과 며느리를 구별하여 대하진 않을 것 같은데.

집에서 멀지 않은 곳에 살고 있는 딸집에 갔다. 알고 있는 현관문 비밀번호를 누르고 들어섰다. 일찍 출근하느라 바빴는지 설거지도 안 해 놓고 거실엔 애들 책이며 장난감이 널브러져 있었다. 나는 부랴부랴 치우고, 정리하고, 마른 빨래를 걷어 개키면서 퇴근해 들어와 몸도, 마음도 가벼워 할 딸을 생각하며 부지런히 손을 놀렸다. 문득 나중에 아들집에 가서도 이렇게 우렁 각시 노릇을 할 수 있을까를 생각해 보니 들은 풍월이 있어 고개가 갸웃거려진다. 친구는 역시나 깔깔 웃으며 꿈도 꾸지 말란다. 현관문 비밀번호를 가르쳐줄 리도 없고 자기들 살림을 도와주는 걸 바라지 않는다고. 퇴근해 들어온 아들에게 "너네 집 비밀 번호 가르쳐 줄거니?"

"아니요~." 씨익 웃으며 단 몇 초의 망설임도 없이 대답이 돌아온다. 웃음의 의미가 나를 놀리려는 건지, 진심인지를 간파해 보려 하지만 순간 가슴 밑바닥에서 싸한 기운이 올라온다. 아, 누가 아들이 장가가면 '희미한 옛사랑의 그림자'라 했던가. 상황 따라 다르겠지만 그도 저도 무슨 상관인가. 둘이서 오순도순 잘 사는 것이 부모들에겐 큰 기쁨인 것을. 누가 옆에서 뭐라고 한들 며느리를 맞는 지금의 나는 모든 게 예쁘기만 할 뿐이고, 오래도록 딸처럼 친구처럼 지낼 수 있기를 바랄 뿐이다. 아울러 아들은 장모님의 사랑을 듬뿍 받고 든든한 아들 같은 사위 노릇을 해야 할 텐데 잘할 수 있을까. 아차, 쓸데없는 걱정을 하고 있네~. 이미 나보다 장모님께 저울 추가 기울었는데……. ㅎㅎㅎ

어느새 찬란했던 봄이 가고 싱그러운 초여름이 얼굴을 내민다.

선물 2015

아내여

아내는 잔소리쟁이다. 눈 뜨면서부터 잠 들 때까지 나만 보면 잔소리다.

'옷걸이에 잠 옷 걸어요/ 수도꼭지 꼭 잠가요/ 주스 봉지는 비닐 수거함에 넣어요/ 춥지도 않은데 조끼는 왜 입어요/ 운전할 때 딴 생각하지 말아요/ 나갈 때 현관 문 잘 닫혔나 확인해요.' 등등. 아내가 내게 잔소리가 많아진 것은 내 사업이 힘들어지고 집에 있는 시간이 많아지면서인 듯하다.

아내를 처음 만난 날은 1975년 4월 5일 식목일이었다. 내 형수님 소개로 처음 본 아내는 키도 크고, 까맣고 긴 생머리에 눈이 커다랗고 조금 통통한 몸매로 첫인상이 좋았다. 나는 바로 '이 여자다.' 싶어 두 번째 만나는 날 손을 와락 잡고 결혼하자고 했다. 당시 아내가 교직에 몸담고 있었으니 만년 직장이 아닌가 라는 계산도 있었고. 아내는 답을 안 한 채 머뭇거렸다. 너무 갑작스런 프러포즈였고 집안 식구들이 나를 탐탁하게 생각지 않았기에 망설이는 것 같았다. 나는 아내에게 편지를 썼다. '갑종 맞고 군대 다녀 온 신체 건강한 남자이고 직장 든든해서 당신을 먹여 살리는 데 부족함이 없다.' 라고. 아내는 주위의 반대가 심해지니까 오히려 내게 마음을 주는 것 같았다. 결국 아내는 내 손을 잡았고 그해 초겨울 첫눈이 내리는 날 내 사람이 되었다.

금쪽같은 딸, 아들 낳고 행복한 나날을 보내다 더 큰 야망을 위해 잘 다니던 국영기업체를 뛰쳐나와 개인 사업을 시작했다. 만사 잘 풀리어 중견기업체로 키우며 사업을 확장해 나갔다. 상승곡선만 그릴 줄 알았던 사업이 갑자기 걷잡을 수 없는 추락에 정신을 차릴 수 없었다. 그런 시련을 아내와 자식들이 있어 버틸 수 있었음에 감사한다. 그러나 회복이 더디어지자 아내도 지쳤는지 조금씩 변해 갔다. 내게 집안 청소도 해 달라 했고 얼마 전부터는 음식물 쓰레기도 버려 달란다. 내가 어쩌다 집에 있고 아내가 외출하는 날이면 내가 냉장고에서 반찬을 꺼내어 밥을 차려먹고 설거지까지도 해 놓길 원한다. 나의 줄어든 위상에 나의 자존까지 무너지는 소리를 들었다. 하지만 어쩔 것인가. 참자. 조금만 기다려라. 기필코 옛날의 위상을 다시 보여줄 테니. '소리 없는 아우성'으로 나를 달래고, 힘들어진 아내를 돕는 마음으로 기꺼이 웃으며 해주고 있다.

살아오면서 내가 본 아내는 무뚝뚝하고 표현에 인색해서 속내를 잘 드러내놓지 않는다. 애들이나 다른 사람들에겐 연한 배처럼 사근사근한데 나에게만 그렇다, 다행스럽게도 지금까지 아침 식사는 챙겨준다. 나는 이 나이가 되도록 끼니를 밥 대신 빵으로 대치하는 것은 용납을 못할 뿐만 아니라 국도 꼭 있어야 한다. 아침이면 아내와 애들은 빵을 먹고 나는 밥을 먹는다. 요즘 같으면 밥 대신 빵을 주어도 군소리 없이 먹을 텐데 으레 밥을 챙겨주니 고맙기 짝이 없다.

아내는 나와 취미도 맞는 게 없다. 나는 산을 좋아해 자주 등산을 가는데 아내는 숨차고 땀나서 싫단다. 아내는 분위기 좋은 장소를 찾아 드라이브 하기를 좋아하는데 나는 집에서 조용히 책 읽는 게 좋다. TV를 볼라치면 나는 음악이나 시사토론 프로를 보고, 아내는 드라마나 개그, 예능 프로그램을 좋아한다. 결국 아내는 거실에서, 나는 안방에서 각자 좋아하는 것을 볼 수밖에. 그럼에도 이날까지 잘 살고 있는 것은 신기하기만 하다.

계속되는 아내의 잔소리. '이쑤시개 사용 후 입에 물고 다니지 마세요/ 양말 뒤집어 벗어 빨래 통에 넣지 마세요/ 약 잊지 말고 먹어요/ 로션 바른 후 뚜껑 좀 닫으세요/ TV 안 볼 때는 끄세요…….' 하긴 잔소리할 빌미를 주었으니 내가 잘못하고 있는 셈이지만 아내가 제발 잔소리를 줄여 주었으면 좋겠다. 늙어가는 마당에 늘상 야단맞는 어린아이처럼 고개 숙이는 내 마음에 휑한 바람이 분다. 어차피 아내가 잔소리하며 하는 말, '세 살 버릇 여든까지 간다더니 여든이 지나야 잘못 된 습관이 없어질 거냐'는 말처럼 여든 살까지만 참아주라. 아내는 언젠가 내게 말했다. 어느 때는 미워 죽겠다가 웅크리고 자는 뒷모습을 보면 짠하다고. 그 말이 그리 기분 좋은 소리는 아닌 것 같다. 아니, 자면서 내 뒷모습까지 신경을 써야 하나?

뭐, 어쨌든 나는 아내를 사랑한다. 다시 태어나도 아내를 만났으면 좋겠다. 물론 이런 걸 누군가 아내에게 물으면 강하게 도리질 할 것이 뻔하다. 내가 어때서? 언제는 나의 성실함과 작은 체구지만 넓은 마음이 좋다고 해놓고. 나의 아내를 향한 사랑의 유통기한은 무한한데 아내의 유통기한은 언제까지일까. 아니, 언제까지였을까. 때마침 라디오에서 어느 남자 가수가 "… 당신 없는 행복이란 있을 수 없잖아요." 라고 사랑의 감정을 듬뿍 담아 노래한다. 나도 동감이다. 아내여. 신혼시절 수줍은 듯 들려주었던 기타의 선율이 오늘따라 그립다.

며칠 후 결혼기념일을 핑계로 아내가 좋아하는 장미꽃과 작은 선물을 준비해야겠다. 빙긋이 웃어줄 아내의 미소를 떠올리고, 나의 크고 작은 허물을 제발 잊어주길 바라며.

'………휴~ 그런 수법에 마음 약해져 당신의 아내로 살아온 사십 년 세월을 되돌려놓고 싶소.' 아마도 이렇게 혼자 중얼거리고 있을지 모르겠다.

고고씽　2008

맛 따라 길 따라

봄바람이 났나 보다. 먼 하늘을 바라보니 비행기도 하얀 길을 만들며 날아가고 있었다. 내 마음도 둥둥 떠가는 듯 어딘가로 무작정 가고 싶다. 이렇게 '찬란한 봄'을 그냥 보낼 수 있겠는가!

이른 아침. 버스는 예정했던 시간에 맞추어 출발했다. 버스엔 오늘 일정을 진행할 스태프 두 명과 여행자 중 단 한 명만이 남자였고, 나머지 자린 모두 중년 여인들로 채워졌다. 오늘의 스케줄은 충남 서천의 월하성 포구에서 맛조개를 잡고 주꾸미 축제에도 들렀다가 동백정에 올라 500년 된 동백나무를 본단다. 나는 무엇보다 쑥을 캐서 쑥개떡을 빚어 먹는다는 게 구미가 당겼다.

서해안 고속도로를 타고 두 시간 정도 달려 월하성 포구에 도착했다. 끝없는 바다는 마침 썰물이 되어 드넓은 모래밭으로 바뀌어 있었다. 같이 간 친구와 나는 무릎까지 오는 장화로 바꿔 신고 소금 한 병과 삽을 든 채 맛조개들이 우릴 기다리다 빼꼼히 얼굴을 내밀 것 같은 모래벌판을 바라보았다. 내 손으로 직접 잡은 조개를 가족에게 먹이고 싶은 마음에 물 빠진 모래사장을 달리는, 바퀴가 커다란 특수차를 타고 꽤 멀리 나갔다. 물이 점점 빠지면서 작은 구멍들이 드러났다. 그러나 아무렇게나 잡는 것이 아니라 방법이 있었다. 삽으로 모래를 얇게 퍼내면 속에 작은 구멍들이 드러난다. 여러 모양의 구멍 중에서도 타원형인 구멍에 소금을 뿌리고 그곳을 가만히 응시하고 있으면 맛조개의 말간 촉이 마치 달팽이처럼 쏘옥 올라온다. 그때를 놓치지 않고 손을 집어넣어 재빨리 잡아 빼면 젓가락처럼 기다랗고 누런 맛조개가 손에 잡힌다. 꾀가 많은 놈은 꾹 참고 있다가 우리가 포기하고 다른 자리로 옮겨가면 얼굴을 살짝 내밀다가 뒷사람의 손에 잡히기도 한다.

안내를 해주는 어부 아저씨는 숙달된 솜씨로 여기저기 삽질을 하며 빨리 잡으라고 재촉한다.

"삽질을 하는 앞쪽으론 나가지 말아요. 그놈들이 다 도망 가 버리니까요." 아저씨는 도회지에서 몰려 온 이쁜 아줌마들이 서로 아저씨 옆에 붙어서 맛조개 하나라도 캐려는 걸 보며 신이 났나 보다. 친구랑 나는 아저씨로부터 떨어져 모래구멍이 보이는 곳마다 삽질을 하고 소금을 퍼부어대며 맛조개가 얼굴을 내밀기를 기다렸으나 모래 구멍은 금방 물에 휩싸여버려 한참을 헛 삽질만 해

댔다. 이러다간 한 마리도 못 잡겠다 싶어 나도 얼른 아저씨 옆으로 갔다.

"아저씨, 지금까지 한 마리도 못 잡았어요."

"에이구, 이 구멍에 소금 뿌리고 기다려 봐요."

그렇게 나는 한동안 아저씨 옆자리를 차지하고 쏘옥쏘옥 올라오는 맛조개를 신나게 잡았다. 아저씨는 다른 날에 비해 많이 못 잡는 게 안타까운지 날이 좋을 땐 콩나물처럼 쑥쑥 올라오는데 오늘은 날씨가 차서 나오질 않는다고, 우리가 날을 잘 못 잡은 탓이라고 말했다. 그 옆에서 더 잡고 싶었지만 아저씨를 부르며 달려오는 다른 일행을 보며 나는 장화와 삽을 바닷물에 씻고 밖으로 나왔다.

주꾸미 한 마리가 건물을 덮치고 있는 모양의 건물로 들어갔더니 상이 차려져 있는데, 살아있는 주꾸미가 꼬물대며 접시에서 떨어지지 않으려고 빨판에 힘을 주고 딱 붙어 있었다. 자원 봉사를 맡은 그 마을 부녀회 아주머니가 끓는 물에 야채를 조금 넣고 주꾸미를 힘껏 떼어내 팍팍 집어넣었더니 요동치듯 온몸을 뒤틀다 잠시 멈추는 순간 주꾸미는 살짝 핑크 빛으로 바뀌었다. 몇 초 전만 해도 살아 꿈틀대던 생명체를 그 자리에서 바로 익혀서 먹는다는 게 선뜻 내키지 않았다. 그러나 다음 순간, 일행들이 젓가락을 들고 우르르 몰려들자 나도 질세라 얼른 한 마리를 통째로 꺼내들고 산 주꾸미라서 더 맛있다며 열심히 내 몫을 챙겨 먹었다.

'행복 마을'에서의 점심도 환상적이었다. 도착하자마자 준비된

반죽으로 쑥개떡을 빚어 놓고 마을 회관에서 봄나물과 간장게장, 손두부 전골, 쑥전, 주꾸미볶음으로 점심을 맛있게 먹었다. 이어서 주변 논두렁, 산자락을 다니며 쑥을 캤다. 쑥은 아직 여린 듯했지만 쑥 향기는 봄바람을 타고 내 코를 간지럽혔다. 뾰족뾰족 내민 쑥을 보고 재미로 캐기 시작했는데 한참 캐다보니 허리도 아프고 다리도 저렸다. 엎드려 쑥을 뜯는 것도 쉬운 일이 아니었다. 길가나 시장에서 파는 걸 아무 생각 없이 샀었는데 쑥 하나하나에 이런 정성이 담긴 손길이 닿아 있다는 걸 생각하니 나는 작은 쑥 뿌리 하나도 버릴 수가 없었다. 우리가 쑥을 캐는 사이 아까 빚었던 쑥개떡을 맛있게 쪄서 작은 도시락에 담아 우리에게 건네주었다.

인심 좋은 '행복 마을'을 뒤로하고 주꾸미 축제가 열리는 마량항으로 향했다. 여느 시골 장터처럼 시끌벅적하고 온갖 것이 다양하게 펼쳐진 가운데 오늘의 주인공인 주꾸미가 살아서 꿈틀대며 먹물을 뿌려대고 있었다. 주꾸미 축제라면 자신들을 위한 뭔가가 있어야 할 텐데 사방에서 몰려든 사람들이 서로 내기하듯 산 채로 먹기까지 하니 화가 났나보다. 동그랗게 빛나는 주꾸미의 눈을 피해 나무 계단으로 이어진 동백정에 올랐다. 500년 된 동백꽃 80여 그루의 초록 잎새 사이로 빨갛게 조롱조롱 매달려 있는 동백꽃을 보고 일행들은 감탄사를 연발했다. 또한 정자에서 바라보는 서해 바다엔, 바닷속으로 빠져 들어가는 붉은 해가 반쯤 걸려 있었다. 이렇게 멋진 풍경을 보며 나는 왜 한 수의 시도 읊조리지 못할까.

여행길은 출발할 땐 설렘과 기대로 시작하지만 돌아올 때면 단조롭게 되풀이되는 일상으로 돌아가야 한다는 머뭇거림이 있다. 그러나 오늘은 새로운 설렘을 안고 발걸음을 재촉하여 집으로 향했다. 돌아가는 나의 보따리는 쑥과 맛조개, 살아 있는 주꾸미와 서천의 훈훈한 인정으로 가득 채워졌다. 오늘의 가이드는 동백꽃은 세 번 핀다고 했다. 나무에서 한 번, 땅에 떨어져 한 번, 가슴속에 한 번. 꽃말은 '나는 당신을 더 사랑합니다.' 란다. 올 봄엔 멋진 한 수의 시 대신 내 가슴속에 동백꽃이나 한 송이 귀중하게 피워 볼까나.

행복하자, 우리 2015

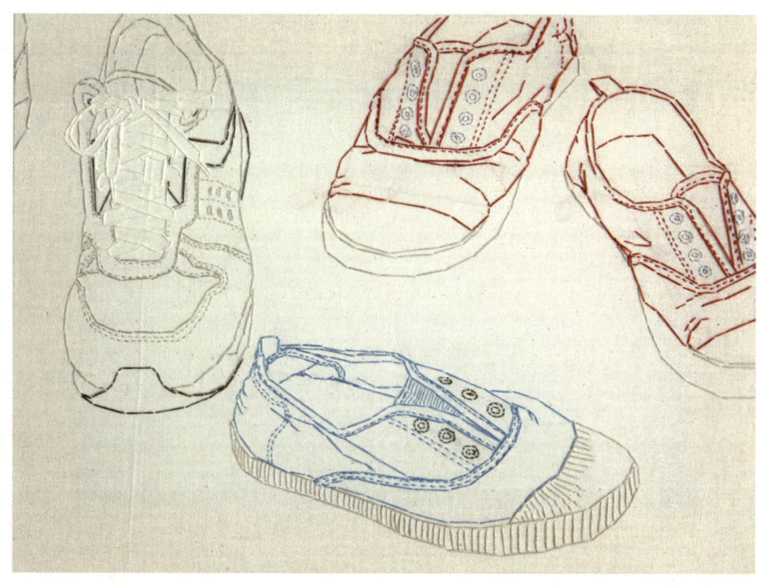

편지

〈1〉

하준아. 안녕!!

밝은 햇살을 받은 숲에서 새의 노래가 들려오는 아침이다. 쪼로롱, 쪼로롱~~.

숲내음을 맡으며 네게 연분홍 사랑을 담아 첫 꽃다발과 편지를 보낸다. 네가 받는 첫 편지를 쓰려니 가슴이 설레는구나.

내 사랑하는 손자 정하준.

2016년 6월 3일 낮 12시 30분부터 시작되는 네 삶은 무한한 기쁨과 행복, 건강, 넉넉한 부귀와 장수의 복을 주실 것으로 믿는다.

막힘없이 네가 하고자 하는 바를 이루고 세상에 빛나는 업적도 세우고…. 네게 너무 큰 부담이 될까? 그래~ ~ 네 편한대로, 너 하고 싶은 것 하며 즐겁게 살아라. 그러나 네 삶이 가치 있고 부끄럽지 않은 삶이 되길 바란다. 무엇보다 부모님께 효도하고, 주위에도 베풂의 삶을 살았으면 한다.

나는 늘 네 곁에서 사랑과 응원을 아끼지 않을 것이고, 주님께서도 항상 너를 지켜주실 것이다.

하준아.

분홍 장미와 라벤더 한 묶음의 꽃다발은 마음에 드니?

–할머니가.

〈2〉

유진아. 사랑해!!

너처럼 예쁘고 착한 며느리를 내 식구로 맞았다는 게 참 기쁘다.

고생 많이 했지? 그래도 산모와 아기가 모두 건강한 모습이어서 감사하다.

하준이를 안고 집으로 돌아오는 기분이 어떠니? 가슴 뿌듯하고 행복하지? 너도 이제 '하준이 엄마'가 되었어.

삼십팔 년 전, 내가 네 남편을 낳고 병원에서 퇴원하여 집으로 올 때, 함께 손자를 안고 오시며 감사와 축복 기도를 드리시던 할머니 모습이 생각난다. 세월이 흘러 이제 내가 할머니가 되어 내 손자를 위해 감사와 축복기도를 드리네~~.

아가는 집안의 꽃이고, 웃음을 안겨주고, 기쁨을 주는 천사란다.

건강하게, 바르게, 아무 탈 없이 잘 키우는 게 부모의 의무이기도 해.

처음으로 스스로 뒤집었을 때의 놀람과, 첫 걸음을 뗄 때의 감격의 순간은 부모만이 맛 볼 수 있는 특권(?)이지. 심지어 첫니가 나올 때의 신기함을 경험하고, 자라면서 앞니가 하나, 둘 빠져 개구쟁이 모습이 되어도 귀엽기만 한 내 새끼일 거다. 갑자기 한밤중 열이 오르면 가슴이 놀라 무너지는 때도 있을 거야. 누구나 겪는 일들이니 지혜롭게 잘 살피며 키우거라.

그 과정 속에 가슴 가득 사랑과 기쁨이 차고, 무엇이든 아깝지 않은 게 자식이란다. 때론 미운 일곱 살이라고 짜증을 내다가도 품에 안기는 녀석을 보면 사르르 녹는 마음으로 토닥거려주는 게 엄마 마음이지.

이제 부모가 되었으니 말 한마디, 행동 하나하나에 본을 보여야 돼. 신기하게도 생김새뿐만 아니라 성격, 행동까지 부모를 닮게 마련이야. 하준이에게 너희 두 사람이 서로 사랑하고 존경하는 모습을 보여주고, 이해하고 배려하는 모습, 어려운 이웃이 있으면 봉사하고 베푸는 모습도 보여주기 바란다.

지금처럼 온 식구가 건강하게, 행복하게 잘 살거라. 그렇게 늘 기도 드릴게.

네 남편이 네 살 적이었던가, 멀리서 나를 보고 환하게 웃으며 달려오던 모습이 엊그제인 양 눈에 선하구나. 우리 아들에게도 사랑한다고 전해주렴.

– 나도 '엄마'

누구나 소중하다 2008

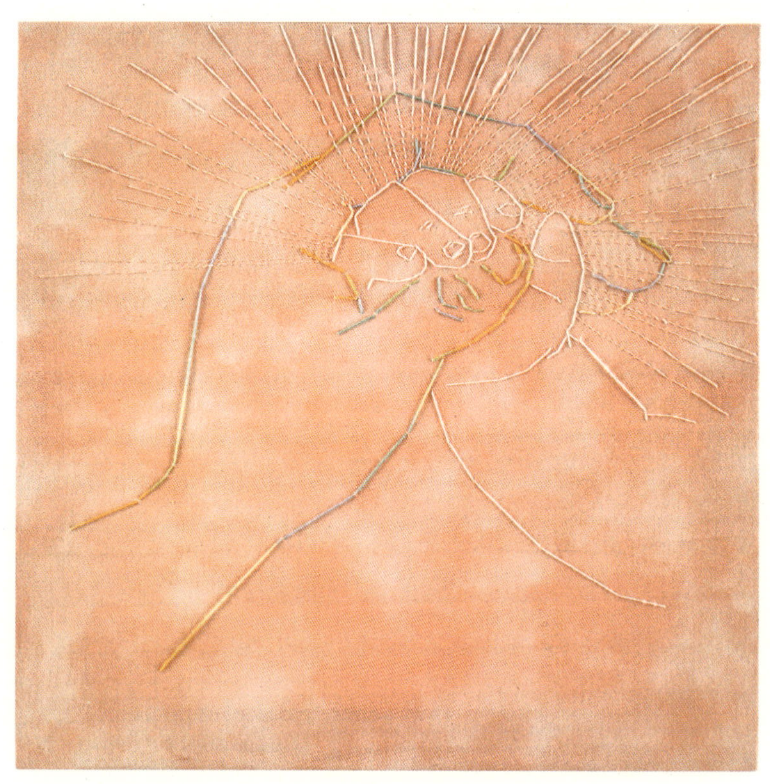

그립다 말을 할까

안녕 엄마!

저녁 먹기 전에 편지 써요.

어제까지만 해도 먹고 싶은 것이 없었는데 엄마가 오실 날이 가까워선지 오늘은 김치찌개 생각에 침이 나와 죽겠어요. 와 보시면 알겠지만 잘 지내고 있으니 걱정 마세요. 봉사는 할 만하니까. 요즘은 내가 자주 가는 '다야단'에서 시각장애와 자폐증을 함께 가지고 있는 여자애들 셋을 돌보는데 오늘 한 아이가 열이 나서 얼마나 보채는지 안쓰러워서 혼났어요. 어젠 임종을 앞둔 환자들이 있는 '깔리갓'에 가서 설거지도 하고 누워만 있는 환자들 마사지 해주고 그랬어요. ……(중략) …… 엄마. 오실 때 참치 캔이랑 천하장사 소시지, 그리고 커피믹스 좀 가져오세요. 여기 친구들과 나눠 먹게요. 우와! 낼 모레면 엄마 보겠네요. 델리에서 만나요~.

2000. 11. 21. 캘커타에서 지현 올림

날씨가 무척 더워 외출하기도 싫어서 모처럼 컴퓨터 앞에 앉아 오래된 이메일을 정리하던 중 딸애가 내게 보냈던 이메일을 보았다.

벌써 17년의 시간이 흘렀다. 딸애는 대학원을 다니다가 갑자기 휴학계를 내고 인도 캘커타의 마더하우스에서 봉사활동을 하고 오겠노라고 훌쩍 떠났었다. 나는 걱정도 되고 어떻게 지내는지도 보고 싶고, 모처럼 딸과 여행도 하고 싶어 인도로 향하는 비행기를 탔다. 딸애와 미리 약속된 스케줄은 우선 델리에서 만나 인도의 트라이앵글 지역이라하는 델리, 아그라, 자이푸르를 돌아보고 캘커타로 함께 가는 여정이었다. 나는 서울에서 출발하여 8~9시간 만에 어두워진 델리공항에서, 캘커타에서 국내선으로 이동한 딸과 만났다. 두어 달 만에 만났지만 반가웠다. 우리는 한국말을 하는 인도인 가이드를 소개받아 넓은 대륙의 일부만이라도 훑어보는 여행을 했다. 수도인 델리를 돌아보고 아그라로 가서 타지마할 궁전을 보았다. 황제인 샤자한이 사랑했던 왕비 뭄타즈 마할이 죽자 그녀를 위해 건축한 묘인데 하얀 대리석에 여러 가지 보석을 박아 22년에 걸쳐 지어진 아름답고 신비로운 건축물이었다. 그 내부를 들어갈 땐 신성한 지역이라고 신발을 벗고 맨발로 다녀야했다. 한 사람의 무덤이 그렇게 거대하게 만들어졌으니 뭄타즈 왕비는 죽어서 더 큰 호사를 한 것 같았다. 건물이 모두 핑크색 흙으로 지어진 핑크 도시 자이푸르를 거쳐 딸애랑 나는 늦은 밤 캘커타에 도착했다.

내가 인도에 오기 전, 딸애는 마더하우스 근처 십여 명이 함께 생활하는 도미토리룸에서 기거를 했기에 며칠 머무를 나를 위해 호텔을 예약해 두었다고 했다. 그 당시만 해도 캘커타의 대표 숙소로 꼽히는, 영화 〈시티 오브 조이〉의 작가가 머물면서 글을 쓴 곳이라는데 현대적이고 깨끗하진 않지만 분위기가 짱이라고 소개했었다. 방 키를 받아 나무계단을 올라가는데 삐걱거리는 소리가 묘한 분위기를 자아냈다. 방문을 열었는데 낡은 옷장 하나와 스프링이 불거져 나온 침대가 있었고, 방 뒤편으로 골목처럼 돌아가니 시멘트 바닥 위에 하얗고 둥그런 법랑 욕조가 덜렁 놓여 있었다. 그 욕조에 들어가려면 옆에 놓인 서너 개의 계단을 밟고 들어가야 했고, 오래된 변기는 지저분하고 부서질까봐 앉을 수도 없었다. 침대에 누워보니 튀어나온 스프링이 등을 쑤셨다. 아무래도 투숙하기 어려울 것 같아 위약금을 물고 좀 더 현대식 시설을 갖춘 호텔로 옮겼다.

다음 날 아침 일찍 우리는 '마더하우스'로 출발했다. 숙소를 출발해 무슬림 빈민가를 지나서 20분 정도 걸어간다고 했다. 낯선 풍경을 지나 도착한 마더하우스는 마더 테레사 수녀님이 세운 봉사단체가 있는 성당으로 그 안에 수녀님의 무덤이 있었다. 평생 가난하고 병든 사람을 위해 봉사하여 '빈자의 성녀'로 추앙받던 수녀님을 생각하며 주황색 꽃잎이 뿌려진 무덤을 둘러보고, 그곳에서 가까운 장애유아고아원으로 갔다.

눈앞에 펼쳐진 풍경은, 서너 살쯤 된 아이들 몇은 철제 침대 위에서 오줌을 싸놓고 울고 있고, 젖먹이 몇은 기저귀 사이로 똥이 흘러나온 것도 모른 채 손가락을 빨며 놀고 있었다. 또 다른 애들은 침대에 묶여서 아무 표정 없이 누워 있었는데 나는 썰렁하고 고약한 냄새가 나는 곳에 서 있기조차 거북했다. 딸애와 다른 봉사자들은 앞치마를 두르고 능숙하게 애들을 안고, 씻기고, 침대를 닦고, 옷과 기저귀를 새로 갈아 입혀 스펀지가 깔린 바닥에 앉혀 놓고 책을 보여주고, 우유에 적신 식빵을 먹여주기도 했다. 소리를 바락바락 지르며 발을 동동 구르는 애, 다리가 없이 골반에 바로 발이 붙어 있고 어깨에서 손이 나온 눈망울이 예뻤던 아이, 정신지체아로 콧물과 침이 흘러도 닦을 줄 모르고 내 품에 안기려던 아이….

나는 갑자기 가슴이 저려 오면서 눈물이 쏟아졌다. 신은 왜 천사 같은 아이들에게 이런 형벌을 주셨을까. 나는 그 애들이 불쌍하면서도 선뜻 내 손으로 닦아주고 만져주기가 꺼려졌다. 결국 한나절 참관(?)을 하고 돌아오고 말았는데 지금도 그 아이들을 생각하면 마음이 아프다. 사랑으로 안아주지 못했음이 늘 체한 가슴같이 남아 있어 언제 다시 한 번 기회가 주어진다면 마음을 열고 진정으로 그들을 보듬어 주고 싶다.

딸애가 어떤 생각으로 대학원을 휴학하고 수개월 동안 먼 곳에 와서 봉사를 하고 싶어 했는지는 내 나름 짐작할 뿐이지만 '엄마보다 훨씬 마음이 크고 값진 삶을 사는구나.' 하는 생각을 하며 몇 개월 더 있겠다는 딸애를 남겨두고 나 혼자 돌아왔었다.

어느새 딸애는 결혼하여 두 아이의 엄마가 되었고 나는 할머니가 되었는데 마음은 아직도 그 시절에 아쉬움으로 머무르고 있으니……. 인도에서 서툰 한국말로 우리를 안내해 주었던, 작은 키에 안경을 쓴 동그란 얼굴의 가이드도 생각나고, 딸애랑 코끼리를 타고 올라갔던 암베르성도 아른거린다.

뜨거운 햇볕이 내리쬐는 오후. 창밖을 내다보고 있노라니 불현듯 흙먼지가 풀풀 날리는 도로에 소와 낡은 차와 릭샤, 그리고 맨발의 깡마른 소년들이 얽혀 다니던 그 거리가 그립다.

8월.... 2006

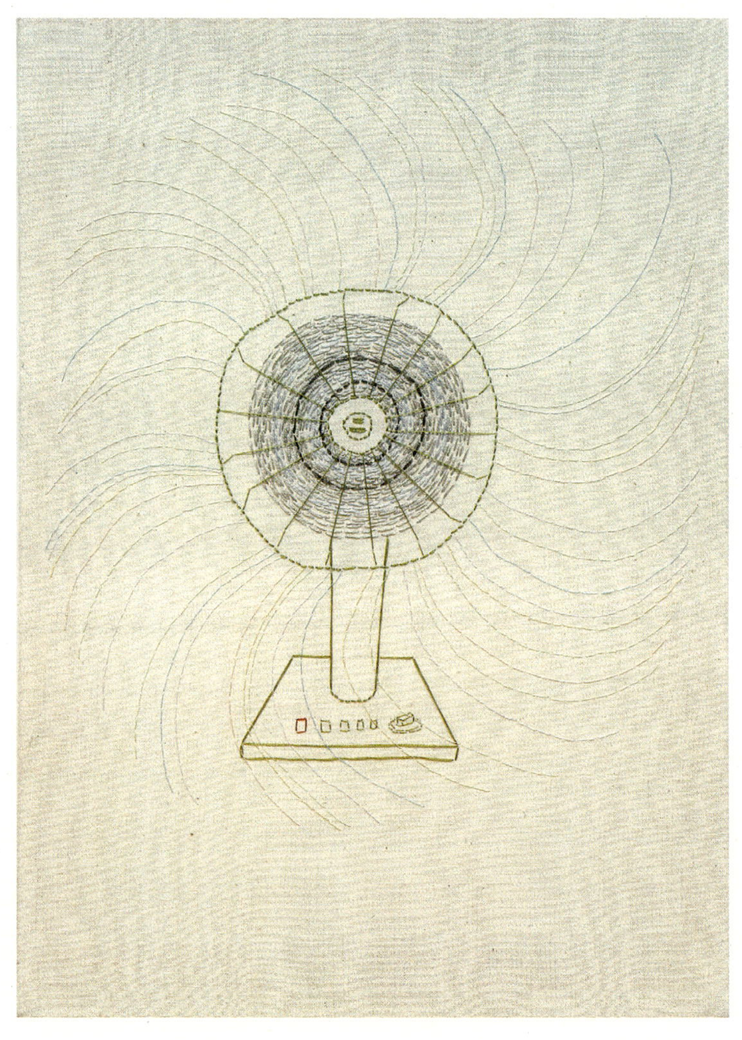

사랑해

그와 사흘간의 여행을 함께 하기 위해 오사카의 간사이공항에 도착했다. 설레고 부풀어 오르는 마음을 안고 시작한 그와의 여행이었다.

그는 몇 달 전부터 함께 여행을 떠나자고 졸랐다. 나는 못 이기는 척 여행지를 물색하고 예약을 했다. 그도 인터넷을 통해 여러 정보를 탐색하면서 들떠있었다. 그래서 오게 된 오사카이다. 나는 은근히 즐거웠고 단둘이 보내는 시간을 어떻게 지낼까 하는 설렘으로 여행을 시작했다. 여행 중 그는 자상하고 섬세했다. 여권이며, 호텔 방 열쇠 챙기는 것, 때 맞춰 약 먹는 것 등.

공항에서 버스를 타고 교토로 이동했다. 먼저 청수사에 들렀다. 금속 못을 전혀 사용하지 않고 지은 건축물로 세계문화유산에 등재 되어 있고 절 이름처럼 한 모퉁이에 맑은 물이 세 갈래로 흘러

나왔다. 왼쪽부터 사랑, 지혜, 장수를 기원하는 물이라고 하여 사람들은 원하는 물줄기 앞에 줄을 서 있다가 흐르는 물을 받아 마신다. 나는 당연히 '사랑'을 기대하며 어떤 물을 마시겠느냐고 물었다. 그는 '장수'의 줄에 서 있었다. 그 나이에 벌써 오래 사는 것에 비중을 둘까? 내심 아쉬웠지만 어쩔 것인가. 오래 살며 사랑하면 되겠지.

다음엔 금각사로 갔다. 건물이 금박으로 덮여 있어 멀리서 보아도 연못 한가운데서 노랗게 빛났다. 오래전, 온 가족이 이곳에 와서 사진을 찍었던 기억이 새로워, 변치 않고 그대로인 그 자리에서 금빛 누각을 배경으로 그와 사진을 찍었다. 미시마 유키오의 소설 《금각사》에서 주인공이 끝내 불태워버린 것처럼 실제로도 소실되었다가 재건된 건물이다. 그는 여기저기 돌아보다 부적과 팔찌를 파는 가게에서 그의 아버지에게 드릴 팔찌를 하나 샀다. 그는 아버지를 무척 좋아하고 따르는 것 같다.

저녁 무렵, 그가 제일 와 보고 싶어 하던 오사카의 도톤보리에 도착했다. 이곳은 도톤보리 강을 따라 형성된 번화가인데 '사치하게 먹고 마시다 재산을 탕진하는 거리'라고 불릴 만큼 음식점과 오락실이 많았다. 그는 나를 끌고 언젠가 TV에서 우리나라 연예인이 가서 먹었다는 스시 집으로 갔다. 사람이 많아 조금 기다렸다 들어간 실내는 좁았다. 서너 개 있는 테이블엔 손님들이 앉아 있어서 셰프들이 스시를 만들어 주는 일자형 테이블에 둘이 앉았다.

그는 연예인이 먹으면서 감탄했던 장어와 참치 뱃살이 얹어진 스시 등 몇 가지를 손가락으로 가리키며 척척 주문을 했다. 일어라곤 모르면서. 주문한 스시가 나오는데 정말 눈이 커다랗게 떠질 정도로 어린이 손등만 한 장어가 덮여 있었고 맛도 최고였다. 입안에서 살살 녹으며 부드럽게 빨려들어 가는 장어 맛은 감탄 그 자체였다. 제법 많은 지출이었지만 맛을 생각하면 후회는 되지 않았다.

밤거리를 걷다 보니 이색적인 간판들이 보였다. 배가 볼록 튀어나온 복어 간판도 있었고, 꽃게전문점의 꽃게 간판은 거대한 몸집으로 음악에 맞춰 움직이는 게 인상적이었다.

다음날은 자유롭게 여행하는 일정이었다. 우리는 천황이나 귀족들이 힐링하러 온다는 대나무 숲으로 자연 경관이 뛰어난 아라시야마의 치쿠린을 산보했다. 근처에 좋은 인연을 맺어주는 신을 모시고 있는 노노미야 신사도 둘러보고 나오며, 양쪽 길가에 줄 늘어 선 소품가게에서 아무 무늬도 안 보이다가 비를 맞으면 벚꽃이 활짝 피어나는 우산을 샀다. 날이 어두워지자 독특한 건축형태인 우메다 스카이 빌딩으로 올라갔다. 지상 173미터에 위치한 공중정원전망대는 가운데 바닥이 다 내려다보여 그 위를 걸을 수가 없었다. 더구나 한가운데 의자를 놓고 사진을 찍도록 해두었는데 나는 겁이 나서 한 발짝도 떼지 않고 한쪽에 서 있었다. 그는 한사코 나를 끌고 가 사진을 찍으며 놀려댔다. 호텔로 돌아가는 길에 그의 어머니가 부탁한 몇 가지를 사러 마트에 들어갔다. 그의 어머니는 두유 스킨, 작은 파스, 곤약 젤리 등 별 시시콜콜한 걸 사오라고 부탁한 것 같다.

어느새 아쉬운 마지막 날, 유명한 오사카성을 들렀다. 성은 7층까지는 역사관이고 8층은 전망대가 설치되어 있었다. 도요토미 히데요시가 일본 통일을 달성한 후 권력을 과시하기 위해 지은 것으로 각 층의 전시물에서 이 성을 건축하기까지의 역사적 사실을 알 수 있었다. 그는 이제 열 살이어서인지 일제 강점기의 어두웠던 우리의 역사에는 관심이 없었고, 나 역시 짧은 3 일간의 여행을 하며 뭔가를 가르치기 위한 설명보다는 눈에 보이는 대로 느껴보도록 했다. 그는 내 손을 꼭 잡고 다니며 사진도 찍고 좋아하는 녹차아이스크림도 먹으며 마냥 흥겨워했다. 흘러가는 시간 속에 그와 함께 맛보고, 느끼고, 보고 즐겼던 시간들이 소중하게 내 마음 속에 자리 잡았다.

여행 일정이 끝나고 우리는 아쉬움과 추억을 남기고 돌아오는 비행기에 올랐다. 그는 또 시간을 내어 여행을 하자고 했다. 미국의 자유의 여신상이 보고 싶다고. '그럼, 그러고 말고. 너랑 같이라면 어디든지 갈 수 있어. 너는 나의 영원한 사랑이니까.' 말없이 웃고 있는 내 마음을 알아차린 듯 그는 두 손으로 하트를 날리며 말했다.

"할머니, 사랑해요."

보이지 않는_촉촉 2016

하늘엔 별, 땅엔 꽃, 사람에겐 詩

−현대시 박물관을 찾아

올 여름엔 비만 실컷 내리다가 슬그머니 가을로 가나 보다 했더니, 막바지 무더위가 나 보란 듯이 기승을 부린다. 모처럼 시간을 내준 딸을 동무 삼아 카메라를 메고 '문학의 향기'를 찾아 나선 날은 파란 하늘에 새털구름이 하얗게 펼쳐져 있었다.

현대시 박물관은 대학로 혜화동 로터리, 혜화 우체국 뒤편 골목에 자리 잡고 있다. 집에서 한 시간 남짓 버스를 타고 대학로에 내리자, 나무 밑동이 돌처럼 견고하고 키가 큰 플라타너스의 행렬이 오랜만에 나온 우리를 반겼다. 박물관을 찾아 혜화동 로터리를 지나는데 크고 검은 돌에 새겨진 시 한 편이 눈에 들어왔다.

혜화동 로터리

김 영 진

아침이 오면
혜화동 로터리는 꽃처럼 피어난다
집집마다 창을 두드리는 노랫소리
만나는 얼굴마다 해맑은 웃음
사랑의 배달부가 손을 흔들고
추억을 줍는 발길이 바쁘다
혜화동 로터리는 사시사철
꿈을 싣고 돌아가는 회전목마
저녁이면 별들도 모여들어
가슴이 담아온 이야기를 쏟아내고
정다운 이웃과 그리운 사람들
기쁨과 슬픔을 서로 나누며
오늘도 빙그르르 손잡고 돌아간다

혜화동에 얼마나 남다른 애정을 가졌으면 시인은 이렇게 노래했을까. 가만히 눈을 감으니 한 편의 영상처럼 정겨운 모습이 펼쳐진다.

로터리를 돌아 골목 어귀에 들어서자 대문 기둥에 동그랗게 매달린 '현대시 박물관' 간판이 보였다. 거기에 '한국 시의 집'과 '만해 학술원' 간판이 덧붙어 있었다. 서울시 종로구 명륜동 1가 42번지에 자리 잡은 현대시 박물관은 현재 박물관장이신 김재홍 교수님께서 40여 년간 현대시를 공부하고 가르치면서 모아왔던 시에 관한 자료를 최남선의 〈해에게서 소년에게〉(1908년) 로부터 시작된 현대시 100주년을 기념하여 2008년 11월 1일, 개인 집인 이층짜리 한옥을 개조하여 전시실을 만들어 개관하였다고 한다. 시사랑의 샘터이자 사랑방을 만들어 문화와 예술 · 생명과 평화를 사랑하는 모든 사람들의 영혼의 샘터가 되고 평화와 희망의 발전소로 발전해 나아가기를 소망한다는 개관 인사말에서 이곳이 많은 사람들의 소중한 문학 공간이 되기를 바라는 것을 알 수 있다.

열려있는 대문을 들어서니 좁은 마당에 떫은 감 두어 개가 떨어져 있어 고개를 들자 날씬한 감나무 한 그루가 높이 솟아 있었다. 위압적인 규모의 대형 박물관과는 달리 어린 날 오래된 고향집에서 이른 새벽 감꽃 줍던 생각이 나서 왠지 정겨웠다. 몇 개의 계단을 올라 현관으로 들어서자 꽉 메워진 자료들이 무엇을 먼저 보아야 할지 몰라 잠깐 망설이게 했다.

맨 처음 방은 만해 한용운의 일생을 이해하기 쉽게, 일목요연하게 볼 수 있도록 도자액자를 만들었고 대표작인 〈님의 침묵〉이 도자시화로 전시되어 있었다. 만해의 초상화 아래 미당이 육필 원고로 남긴 만해를 추모한 시 한 편도 눈에 띄었는데 생전의 애국정신을 기리며 다시 오셔서 이 겨레를 이끌어달라는 절절한 그리움이 담긴 시였다.

님의 침묵

한 용 운

님은 갔읍니다.
아아
사랑하는 나의 님은 갔읍니다

–중략–

아!
님은 갔지마는 나는 님을 보내지 아니했읍니다
제 곡조를 못이기는 사랑의 노래는
님의 침묵을 휩싸고 돕니다

만해 한용운은 3 · 1 운동 당시 민족대표 33인 중 한 분으로 독립 운동가이며 시인이고 스님이셨음을 우리는 안다. 그분은 어린 시절부터 남달라 "나는 선친에게서 아침저녁으로 좋은 말씀을 들었다. 선친은 서책을 읽다가 가끔 어린 나를 불러놓고 역사상 빛나는 의인들과 훌륭한 사람들의 언행을 가르쳐 주시며 세상형편, 국내외 정세를 알아듣도록 타일러 주셨다. 이런 말씀을 한 번 두 번 듣는 사이에 내 가슴에는 뜨거운 불길이 타오르고 '나도 의인걸사義人傑士와 같은 훌륭한 사람이었으면…….' 하는 생각이 떠오르곤 했다."고 〈시베리아를 거쳐 서울로〉에서 피력했다. 그가 해방을 보지 못하고 안타깝게 운명하실 때까지 남긴 많은 일화들은 현대를 살아가는 우리들에게 적잖은 깨우침을 준다. 무엇보다 1926년에 발표한 시집 《님의 침묵》을 비롯해 아직도 널리 애송되고 있는 〈복종〉, 〈알 수 없어요〉, 〈나룻배와 행인〉 등은 조국광복의 염원을, 사랑을 노래하며 시의 오묘한 정서를 우리 가슴에 남겼다. 이 시대에 만해가 살아계셨더라면 어떤 운동을 벌이고 어떤 글로 우리를 위로하고 계몽하셨을까. 이제는 별이 되어버린 님의 자취가 충남 홍성에, 남한산성과 백담사 등에 남아있어 다행이다.

방방이 들어찬 작은 책장들에는 우리나라 최초의 현대시집인 김억의 《해파리의 노래》(1923년), 김소월의 《진달래꽃》, 윤동주의 《하늘과 바람과 별과 시》, 청록파 시인의 《청록집》, 신석정의 《슬픈 목가》, 노천명의 《사슴의 노래》 등 현대시 100년을 한눈에 볼 수 있는 귀중 시집들이 오래되어 바래고 찢기기도 한 채 가득 진열되어 있었다. 당시 어느 문학소년 소녀들이 이 책장을 넘기며 시심詩心을 키웠을까.

일층 거실에는 유리가 깔린 탁자가 있고 빙 둘러 벽엔 낯익은 시인들 – 정지용, 김남조, 구상, 이육사 등의 대표작 초상시화를 보며 아련한 그리움에 잠겼다.

나란히 붙어 있는 옆방에도 초상시화가 있고 김종삼, 홍윤숙의 애장품과 육필 원고도 보였다. 특히 내가 참 좋아하며 읊었던 〈장식론 · 1〉을 오랜만에 읽으며 민낯에 장식하지 않고도 당당했던 젊은 날이 언제 지났나 싶게 이젠 자연스레 내 몸에 감싸인 액세서리를 보았다.

장식론 · 1

홍 윤 숙

여자가
장식을 하나씩
달아가는 것은
젊음을 하나씩
잃어가기 때문이다

씻은 무 같다든가

뛰는 생선 같다든가
(진부한 말이지만)
그렇게 젊은 날은
젊음 하나만도
빛나는 장식이 아니었겠는가

-중략-

꽃을 더듬는
내 흰 손이
물기 없이 마른
한 장의 낙엽처럼 쓸쓸해져

돌아와
몰래
진보라 고운
자수정 반지 하나 끼워
달래어 본다

작년, 열여섯 번째 시집 《쓸쓸함을 위하여》를 펴낸 작가는 시집에 실린 에세이 〈언어, 사랑의 관계지음을 통해서〉에서 '시는 나의 영원한 스승이고 성서이다. 하여 나는 날마다 그 스승을 따라 성서를 안고 희망으로 떠났다가 고통으로 돌아온다. 고통은 다시 태어나기 위한 산실이기에 피하지 않고 몸을 던진다.'고 전한다. 여든 중반의 연세에 힘든 수술과 치료과정을 겪으시면서 펴낸 시집이라서 더욱 큰 의미가 있는 것 같다. '의미 없이 버려진 언어들을 주워 일으켜/ 이리저리 아귀를 맞추어 집짓는 일에 골몰한다/ 나 같은 사람 마음 텅 비어 쓸쓸한 사람을 위하여/ 이 세상에 작은 집 한 채 지어놓고 가고 싶어/ '(〈쓸쓸한 사람을 위하여〉 중에서)라고 노래했다. 여기서 '작은 집 한 채'는 아름다운 시집을 마음에 두신 게 아닐까. 〈일생〉, 〈섭리〉 등에서도 노년의 쓸쓸함과 병상의 괴로움, 생을 뒤돌아보며 느끼는 정회情懷 등이 가슴에 짠하게 전해온다. 보관된 님의 애장품으로 열네 살에 손수 수를 놓아 액자 속에 끼워놓은 장미꽃 자수가 곱다. 애틋한 소녀시절 무슨 보랏빛 꿈을 꾸며 장미를 수놓았을까. 앞으로도 건재하셔서 누군가를 위하여 전하고 싶은 소망들을 이루시길 기도한다.

이층으로 오르는 좁은 계단엔 육필 원고들이 족자로, 또 액자로 만들어져 천장 바로 아래부터 길게 늘어뜨려 전시되어 있었다. 100여 분의 육필은 족자에, 150여 분의 육필은 액자 속에 담겨 있었다. 오랜만에 대하는 원고지는 대학시절 리포트를 쓰기위해 200자 원고지에 할당된 매수를 채우려고 무진 애를 썼던 기억과 함께 수많은 분들을 일일이 열거하긴 힘들지만 박목월, 김춘수, 황금찬, 강은교, 김남조, 김규동, 김지하 등 유명한 시인들의 육필을 보며 각자 개성 있는 필체로 그 시절 그분들은 한 편의 작품을 쓰면서 때론 행복을, 사랑을, 때론 고뇌를 담아냈으리라는 생각이 든다.

나그네

박 목 월

江나루 건너서
밀밭길을

구름에 달가듯이
가는 나그네

길은 외줄기
南道三百里

술익는 마을마다
타는 저녁놀

구름에 달가듯이

가는 나그네.

《상아탑》 5호, (1946.4.)

이 시는 같은 청록파 시인인 조지훈이 '목월木月에게'라는 부제를 붙여 쓴 〈완화삼玩花衫〉 (차운산 바위 위에 하늘은 멀어/ 산새가 구슬피 울음 운다/ 구름 흘러가는 / 물길은 칠백리/ 나그네 긴 소매 꽃잎에 젖어/ 술 익는 강 마을의 저녁 노을이여/ –후략–)의 화답 시로도 유명하다. 목월의 시를 많은 사람들이 애송하는 데는 까닭이 있겠지만 〈윤사월〉, 〈청노루〉, 〈산도화〉 그리고 가곡으로 널리 불리는 '목련꽃 그늘 아래서 베르테르의 편질 읽노라'는 〈사월의 노래〉, '기러기 울어 예는 하늘 구만리'의 〈이별의 노래〉 등만 보아도 민족의 암담했던 현실을 오히려 자연에 접목시켜 간결하면서도 낭만적이며 한 폭의 수채화를 그리는 듯한 표현에 있지 않을까. 박동규 교수는 어느 강좌에서 부친인 목월에 대해 '여섯 벌의 내복이 구멍으로 성한 곳이 없고, 겨울이면 잉크가 얼어 입으로 녹여서 쓰느라 입술이 퍼렇게 물드셨던 아버지. 비단보다 섬세하고 부드럽고 인정 많으셨던, 언어 속에 감춰진 정서를 끌어내신 분'이라고 회고했다. 누구나 훗날 자식이 어버이를 그리워하며 존경한다면 부모로서 큰 기쁨이고 훌륭한 삶을 살았다고 할 수 있을 것이다.

이층 거실엔 고은의 '울음의 시학'을 노래한 친필 붓글씨 열두 폭 병풍이 펼쳐져 있고 한용운의 "유수인생流水人生" (물같이 빨리 흘러가는 인생) 이라는 친필 붓글씨액자도 보았다. 요즘 들어 나는 주위에서 '젊었을 적엔 미인이었겠다.' 는 말을 종종 듣는다. 물론 실제 이상의 찬사이긴 한데 결국 지금의 난 늙었다는 이야기렸다. 내 마음은 아직도 꽃다운 시절에 머물고 있는데……. 이제 내 나이 예순이 되고 보니 '유수인생'을 실감할 뿐만 아니라 인정할 수 밖에 없다. 어쨌거나 앞으로의 삶을 어떻게 꾸려나가는 것이 후회 없는 삶이 될까를 재정비해야 할 시점인 것 같다.

또 다른 방에는 유명화가가 그린 시화가 70여 점. 이상화의 〈빼앗긴 들에도 봄은 오는가〉, 김소월의 〈산유화〉, 이상의 〈오감도〉등 그림과 시가 잘 조화되어 새로운 시세계로 빠져들게 했다.

그 밖에도 김기림의 〈시론〉, 김동인의 〈춘원연구〉, 이어령의 〈저항의 문학〉, 조연현의 〈한국 현대문학사〉를 비롯하여 연대별로 각종 연구 서적과 비평서, 문학지, 주요 잡지, 문예동인지, 귀중 시집 등을 둘러보며 현대시의 발자취를 따라 문학사를 더듬어 보고 작가들의 다양한 인생도 엿보았다. 작은 규모의 박물관인데도 많은 자료와 서책들을 체계적으로 한자리에 모아놓은 정성과 관심이 앞으로도 많은 사람의 문학 사랑을 고취시키는 데 큰 몫을 하리라 기대된다. 한편 소장된 작품에 비해 전시장소가 협소하여 모두 전시하지 못하고 묶인 채 한쪽에 쌓여 있는 게 보여 안타까웠지만, 문학의 한 장르인 수필도, '수필 문학의 집'이나 '수필 박물관'을 언제 어디에서 만날 수 있으려나 싶어 부럽기도 했다.

골목길을 빠져 나오며 다시 한 번 고개를 돌렸다. 오롯한 골목 초입에, 대문에 동그랗게 매달린 '현대시 박물관'이 잘 가라고 손짓하듯 흔들리고 있었다. 이젠 도심 속에 문학의 쉼터로 자리 잡은 이곳에서 나는 오늘 여러 권의 시집을 읽고 간다. 동무해준 딸과 함께 혜화동 로터리에서 '꿈을 싣고, 추억을 줍고' 일상으로 돌아가는 발걸음이 경쾌하다.

*** 이 글을 쓰던 당시(2011년)에는 생존해 계셨던 홍윤숙 선생님께서 2015년 10월에 타계하셨다.

유머와 위트로 전해오는 훈훈한 수필

김 상 태 (이화여대 명예교수)

가정 살림에 묻혀서 자기 속에 잠재해 있는 원석 같은 재능을 발견하지 못하고 일상을 덧없이 반복하다가 문득 어느 날 허무하게 살았다는 것을 깨닫는다면 그 느낌이 어떠할까. 몇 날 며칠을 애쓰며 암석을 쪼개고 뒤져도 원하는 원석을 찾을 수 없다면 그 또한 얼마나 허무한 심정일까. 그러나 고생한 보람이 있어 드디어 어느 날 원석 덩어리를 발견한다면 그 간의 노고는 다 잊고 뛸 듯이 기뻐할 것이다. '생활수필반'에서 신정호님을 발굴해 낸 것은 보석을 캐는 사람의 그 보람과 같다고 할 수 있다. '원석문학회'의 첫 동인지 이름이 "원석을 캐는 마음으로"로 되어 있다. 그의 '첫 수업 소감'에서 볼 수 있듯이 원래는 평생교육원에서 다른 수업 강의를 들으려 하다가 친하게 지내던 언니의 권유로 수필반에 등록했다고 했다. 신정호님으로서는 운명이 갈릴 뻔한 순간이다. 운명의 여신이 그에게 바른 길을 가르쳐 주었다고 나는 믿는다. 천만다행이다.

보석 같은 수필을 쓸 것으로 기대되는 작가의 운명이 바로 그 순간 결정된 것이다. 좋은 수필을 쓸 수 있는 재능을 그는 원래부터 지니고 있었다. 하마터면 흔하게 널려 있는 돌멩이로 깔려서 빛도 보지 못한 채 평범한 일상을 즐기면서 살아갈 뻔했다. 그가 수필과 인연을 맺고 쓰기 시작한 것은 그 자신을 위해서도 우리 수필계를 위해서도 다행한 일이다.

내가 대학 초년생으로 재학할 때 겁도 없이 영문과의 수필 강의를 수강한 적이 있다. 강의하는 교수는 수필가로 유명한 이양하 교수였다. 그 시간을 통해 읽었던 많은 작품들은 지금 다 잊었지만 어느 유명한 수필가가 한 말은 지금도 또렷하게 기억에 남아있다. “유머와 위트는 수필의 보석이다.”라는 말. 신정호님의 수필을 읽으면서 문득 그때의 말이 생각난다. 그의 수필을 읽어보면 곳곳에서 유머와 위트를 만나게 된다.

신정호님은 이미 좋은 작품들을 여러 문예지에 발표했지만 정작 자신의 수필집은 갖고 있지 않았다. 나무람 비슷한 독촉을 나는 몇 번 한 적이 있다. 그때마다 “조금만 더 있다가요.”라고 하면서 계속 미루고 있었다. 내가 어떻게 말해야 정신이 번쩍 드는 충고가 될 수 있을까 하고 혼자만의 궁리도 했다. 드디어 이렇게 좋은 수필집을 내려고 미루고 있었던 모양이다. 그의 첫 수필집에 발문을 써 주는 것이 나로서는 말할 수 없이 즐겁고 영광스러운 일이다. 최근 나의 늙음이 너무나 절실하게 다가와 있어서 마음에 드는 글을 쓸 수 없을 것 같아 가슴이 답답하다. 그래도 이 정도에서 그의 수필십 발간을 보고 발문을 써 줄 수 있는 것이 다행이다.

신정호님의 수필은 대강 네 가지 정도로 분류할 수 있을 것으로 생각된다. 첫 번째는 그의 가족 구성원이 소재가 된 작품, 두 번째는 여행을 하면서 보고 듣고 느낀 일들, 세 번째는 기억에 남아 있는 일이나 인상 등을 소재로 삼아서 쓴 작품, 그 외에 여러 가지 수필적 실험을 하면서 쓴 작품들이다. 그중에서 가족 구성원들과의 아기자기한 사랑 얘기가 가장 많다. '어머니와 허수아비'는 연로한 어머니를 교회에 모셔다 주면서 나눈 얘기를 소재로 하고 있다. 어머니는 스스로 사람이 아니라 '허수아비'라고 말한다. "장롱문만 열면 빤히 보이는 목도리를 한 달 넘게 찾은 것"을 두고 한 말이다. 어머니와 딸 사이에 보이는 애틋한 정을 느낀다. 〈딸의 남자 친구〉, 〈어화둥둥 내 사랑아(1, 2)〉, 〈내 남편은요〉, 〈아이구, 내 새끼〉도 이에 속한다. 어떤 작품에도 그의 보석 같은 유머가 숨어 있지만, 가족 간에 나누는 사랑이 맛깔스럽고 재미나게 특히 많이 점철되어 있다.

여행이 소재가 되어 있는 작품으로는 〈그녀와 나랑은〉, 〈여행길에 나를 만나다〉, 〈가을 나들이〉, 〈맛 따라 길 따라〉, 〈사랑해〉

등이 눈에 띈다. 〈그녀와 나랑은〉은 안 사돈이 되는 분과의 여행을 적은 글인 것 같다. "날씬하고 자그마한 체구에 세련된 미모를 갖춘, 누가 봐도 보호해주고 싶은 마음이 생기는 여인"이라고 안 사돈을 묘사하고 있다. 한국 습속으로는 사돈되는 사람과 여행을 같이 하는 것, 더구나 둘만이 하는 경우가 드물다. 작가의 평소 성격을 잘 드러내 주는 작품이라고 할 수 있다. 격식을 차려야 하는 사돈지간이지만, 더구나 짧은 시간 내에 사귄 사이지만 격의 없는 친밀감이 잘 드러나고 두 사람만의 재미있고 즐거운 여행이 눈에 보이도록 묘사되어 있다. 여행을 통해서 보는 풍광보다는 여행하면서 느끼는 두 사람만의 따스한 정감이 독자들에게도 더 가깝게 다가오는 작품이다.

편지 형식의 수필도 많이 보인다. 〈편지〉는 손자와 며느리에게 쓴 편지이다. 읽어 보면 새로 태어난 손자에게 주는 끝없는 할머니의 사랑이 느껴지고 며느리를 향한 마음씀이 무척 따뜻한 시어머니의 모습도 보인다. 〈내 사위에게〉는 사위에게 주는 사랑과 당부를 담은 편지 형식의 글이다. 어쩌면 만나서 직접 할 수 없는 말을 이런 형식으로 표현한 글이리라. 사위 당사자도 감동했을지 모르지만 젊은 사위들이 가슴으로 느끼는 것이 많을지 모른다. 〈아들에게 띄우는 편지〉는 일기 형식으로 쓴 편지다. 아들과 엄마 사이에는 언제나 말로 다할 수 없는 사랑이 오가는 것이지만, 이 두 모자간은 재치 있는 유머로 서로를 즐겁게 하면서 사랑을 주고받는다. 아들도 어머니에 못지않은 유머 감각을 지니고 있다. 그런 아들의 모습이 눈에 보이는 듯이 떠오른다.

특별히 눈에 띄는 것은 타자의 눈으로 자신을 바라보면서 쓴 작품이 있다. 〈아내여〉는 남편의 시점으로 나를 바라본 작품이다. 실제로 남편이 썼다고 주장한다면 할 말이 없지만 아무래도 작가 자신이 쓴 작품이라고 추정된다. 문체도 그러하지만 글 속에 스며있는 유머 감각도 작자와 전혀 다르지 않기 때문이다. 이 글은 "아내는 잔소리쟁이다."로 시작한다. 실제로 작자가 남편에게만은 잔소리쟁이인지 알 수 없지만 그를 잘 알고 있는 사람은 누구도 그렇게 생각할 것 같지는 않다. 아마도 남편이 자신을 바라볼 때 그렇게 생각하고 있을 것이라는 추측 같다. "살아오면서 내가 본 아내는 무뚝뚝하고 표현에 인색해서 속내를 잘 드러내놓지 않는다. 애들이나 다른 사람에겐 연한 배처럼 사근사근한 데 나에게는 그렇다." 반은 맞고 반은 틀린 말이다. "아내는 나와 취미도 맞는 게 없다."라고 했지만, "뭐, 어쨌든 나는 아내를 사랑한다."고 고백하고 있는 것으로 보아서 부부간의 변하지 않는 사랑을 확인해 주는 내용이라고 할 수 있다.

글을 즐겁게 읽었다. 이 수필집을 읽은 사람은 나와 동감을 표현할 것이라고 생각한다. 첫 수필집이니까 지금부터 시작이라고 생각하는 것이 좋겠다. 이 수필집을 읽는 사람은 모두 훈훈한 정감을 가슴에 느끼면서 수필가로서의 앞날을 축복할 것으로 기대한다.

신정호 수필집
그리움을 수놓다

인쇄 2017년 12월 8일
발행 2017년 12월 15일

지은이 신정호
그림 정지현
발행인 서정환
펴낸곳 수필과비평사
주소 서울시 종로구 삼일대로 32길 36(익선동 30-6 운현신화타워 빌딩) 305호
전화 (02) 3675-3885, (063) 275-4000 · 0484
팩스 (063) 274-3131
이메일 sina321@hanmail.net essay321@hanmail.net
출판등록 제300-2013-133호
인쇄 · 제본 신아출판사

ISBN 979-11-5933-139-8 03810
값 15,000원

이 도서의 국립중앙도서관 출판예정도서목록(CIP)은 서지정보유통지원시스템 홈페이지(http://seoji.nl.go.kr)와 국가자료공동목록시스템(http://www.nl.go.kr/kolisnet)에서 이용하실 수 있습니다. (CIP제어번호: CIP2017033217)

Printed in KOREA